조지 맥도널드 선집

믿음이란 한 알의 밀알이 땅에 떨어져 죽음으로 많은 열매를 맺음과 같이 진리의 열매를 위하여 스스로 죽는 것을 뜻합니다. 눈으로 볼 수는 없으나 영원히 살아 있는 진리와 목숨을 맞바꾸는 자들을 우리는 믿는 이라고 부릅니다. 「믿음의 글들」은 평생, 혹은 가장 귀한 순간에 진리를 위하여 죽거나 죽기를 결단하는 참 믿는 이들의, 참 믿는 이들을 위한, 참 믿음의 글들입니다.

C. S. 루이스의 스승

조지 맥도널드 선집

조지 맥도널드 지음 | C. S. 루이스 엮음 | 홍종락 옮김

홍성사.

머리말

내가 조지 맥도널드에 대해 아는 바는 그가 쓴 작품들
이나 그의 아들 그레빌 맥도널드 박사Dr. Greville MacDon-
ald가 1924년 출간한 전기《조지 맥도널드와 그의 아내
George MacDonald and His Wife》에서 배운 내용이 전부다.
그를 만난 적이 있는 사람과 그에 대한 이야기를 나눠
본 적도 딱 한 번뿐이다. 그러므로 내가 머리말에서 언급
할 몇 가지 사실들은 전적으로 맥도널드 박사의 책에 의
존하고 있다고 할 수 있다.

프로이트 및 여러 사람들은 사람이 어린 시절에 아버지
와 충돌한 결과, 온갖 성격적인 왜곡과 사고의 오류가 생
겨난다고 가르쳤다. 그러나 조지 맥도널드의 전 생애는
이와 정반대의 과정을 보여 주며, 이 부분이야말로 그에
대해 알 수 있는 가장 중요한 사실이다. 아버지와의 거의

완벽한 관계는 그의 모든 지혜의 근간이다. 그는 부성父性이 우주의 핵심이라는 사실을 아버지를 통해 처음 배웠다고 말했다. 모든 관계 중에서 아버지와 아들의 관계가 가장 중심이 되는 종교를 가르칠 사람으로 비범하게 준비된 것이다.

그의 아버지는 놀라운 사람이었던 듯하다. 구식 스코틀랜드 기독교 특유의 강인함과 부드러움, 유머 감각을 다 갖추고 있었다. 그는 클로로포름이 나오기 이전에 한쪽 다리를 무릎 위까지 잘라냈는데, 당시 수술을 앞둔 환자가 흔히 마시던 위스키를 거부했고 "칼이 처음 살을 찌르는 순간만 고개를 돌리고 '쉬' 하는 신음을 희미하게 뱉어 냈다." 그는 자신의 인형이 불태워지는 험악한 소동을 오히려 자신을 조롱하는 멋진 농담으로 가라앉히기도 했다. 그는 아들이 안장 없이 말을 잘 탈 수 있게 될 때까지 안장에 손대지 못하게 했다. 또 "시詩라는 무익한 놀이에 푹 빠지라"고 조언했고, 아들이 스물세 살 되던 해 담배를 끊겠다는 약속을 받아냈다. 한편 그는 잔인하다는 이유로 뇌조[들꿩과의 새] 사냥에 반대했고 대체로 동물들에게 친절했는데, 100년 전 농부들 사이에서 흔한 모습은 아니었다. 조지 맥도널드는 어릴 때나 커서나 아버지에게 무엇을 청하고 받지 못한 적이 없다고 말한다. 물론 이 말은 아버지 못지않게 아들의 성품에 대해서도 많은 것을 알려주는데, 기도에 대한 발췌문(104번)과 연관해서 받아들여야 할 것이다. "아버지가 주실 수 있는 어떤 것보다 아버지를 더 추구하는 사람은 구하는 바를 얻기 십상입니다. 엉뚱한 것을 구하지 않을 테니까요." 이 신학적 금언은 저자의 어린 시절 경험에 뿌리를 두고 있다. 이것은 '프로이트주의의 곤경'을 생생하게 보여 주는 사례로 제시할 수 있을 것이다.

조지 맥도널드의 가족(그의 아버지만은 예외인 듯하지만)은 물론 칼뱅주의자들이었다. 지적인 면에서 그의 이력은 대체로 어린 시절에 배우고 자란 신학에서 벗어나는 과정이다. 19세기에는 그런 해방의 이야기들이 흔하다. 그러나 조지 맥도널드의 이야기는 그런 친숙한 패턴에 속하면서도 다른 점이 있다. 대체로 그런 이야기에 등장하는 해방된 사람은 칼뱅주의 교리들을 부인하는 데 만족하지 않고, 선조들 중에서 그런 믿음을 가진 사람들과 더 나아가 그들과 연관된 문화와 생활방식 전체를 증오하기에 이른다. 그렇게 해서 《만인의 길 The Way of All Flesh》[1] 같은 책들이 나오게 된 것이다. 후대 사람들은 그 풍자를 온전한 역사로 받아들이지 않았지만, 그런 처지의 사람이라면 피하기 어려웠을 거라 생각하며 저자의 편파성을 이해해 주었다. 그러나 맥도널드에게서는 이런 사적인 적

---

1 사무엘 버틀러(Samuel Butler, 1835~1902년, 영국의 소설가)가 당대의 위선적인 도덕을 비판한 자전적 소설.

개심의 흔적을 찾을 수 없다. 우리는 그의 관점을 너그럽게 이해하게 해줄 만한 정황을 찾을 필요가 없다. 오히려 그는 지적 반란의 소용돌이 한복판에서도 그가 반란을 일으킨 대상 안에 있는 실질적인 가치, 어쩌면 대체 불가능한 가치를 부인할 수 없게 만든다.

그는 평생 동안 자신을 떼어 낸 반석을 사랑했다. 우리는 그가 쓴 최고의 소설 작품들을 통해 화강암과 히스〔진달래과의 관목〕가 있고, 물이 아니라 흑맥주가 흐르는 듯한 개울 옆으로 신선한 채소들이 자라는 '채소밭' 세상으로 가게 된다. 그곳은 나무로 만든 기계의 쿵쿵거림, 귀리 비스킷, 신선한 우유, 긍지, 가난 그리고 힘들게 얻은 배움에 대한 열정적인 사랑이 가득하다. 그가 만든 최고의 캐릭터들은 진정한 사랑과 영적 지혜가, 그 둘 모두를 억압할 것처럼 보이는 신학적 견해와 공존할 수 있음을 보여 준다. 그의 삼촌의 바이올린을 사탄의 올가미라며 태워 버린 끔찍한 그의 할머니는 요즘 같으면 '뼛속까지 사디스트'라 (부적합하게) 불리는 존재로 비칠 수 있었을 것이다. 하지만 《로버트 팰코너Robert Falconer》와 《내 것은 내 것What's Mine's Mine》에 등장하는 그녀와 흡사한 등장인물을 보면서 독자는 그 내면을 더 깊이 들여다보지 않을 수 없게 된다. 역겨운 겉모습 안쪽에 우리가 진심으로 불쌍히 여길 수 있는 존재, 몇 가지 유보 조건만 단다면 심지어 존중할 수도 있는 대상이 놓여 있음을 보게 된다. 이런 면에서 맥도널드는 '모든 걸 알면 모든 걸 용서할 수 있다'는 미심쩍은 금언 대신, '용서하면 알게 된다'는 흔들리지 않는 진리의 실례를 잘 보여 준다. 사랑하는 자는 보게 되는 것이다.

그는 1824년 애버딘셔의 헌틀리에서 태어났고, 1840년 애버딘의 킹스 칼리지에 입학했다. 1842년에는 몇 달간 스코틀랜드 북부에서 지내며 이름이 밝혀지지 않은 대저택의 서재 도서 목록을 만들었다. 내가 이 사실을 밝히는 이유는 그 일이 맥도널드에게 평생 영향을 끼쳤기 때문이다. 주로 서재에서 이방인이나 딸린 식구(《릴리스*Lilith*》의 베인 씨조차도 자기 서재에서 결코 편안해 보이지 않는다)의 눈으로 바라보는 거대한 저택의 이미지가 이후 그의 책에 끝까지 등장한다. 그러므로 '스코틀랜드 북부의 대저택'이 생애의 중요한 위기나 성장을 겪은 장소였다고 생각하는 것이 합당할 것이다. 어쩌면 그는 그곳에서 독일 낭만주의를 처음 접하게 되었는지도 모른다.

1850년 맥도널드는 애런델의 비국교도 교회의 목사가 되는 (전문용어를 쓰자면) '소명'을 받았다. 그런데 1852년에 그의 이단적인 주장 때문에 '집사들'과 문제가 생겼다. 그들은 그가 이교도들이 미래에 연단(을 거쳐 구원받게)된다는 믿음을 피력했다고 주장했고 또 그가 독일 신학에 물들었다고 주장했다. 집사들은 그를 쫓아내기 위해 우회적인 방법을 동원했다. 일 년에 150파운드였던 급료를

삭감한 것이다. 그렇게 하면 당시 결혼까지 한 그가 알아서 그만둘 거라고 생각한 것이다. 그러나 그것은 오판이었다. 맥도널드는 그것이 자신에게 참 안 좋은 소식이긴 하지만 더 적은 수입으로 살아 볼 수밖에 없지 않겠느냐고 응대했다. 그리고 한동안 그 수입으로 살았고, 잘사는 집사들의 견해에 동의하지 않는 가장 가난한 교구민들의 도움을 자주 받았다. 하지만 1853년, 상황은 어찌해 볼 수 없는 지경에 이르렀고 그는 결국 사임했다. 그 후 강연과 개인 지도를 맡거나 가끔 설교를 하고 책을 쓰고 '잡다한 일'을 전전했다. 그는 거의 마지막까지 그렇게 살다가 1905년에 죽었다.

맥도널드는 폐병을 앓았고 극심한 가난에 시달렸다. 몇 번이나 말 그대로 굶어죽을 뻔했는데, 마지막 순간 위기에서 벗어나곤 했다. 불가지론자들이 볼 때는 우연이었지만 그리스도인들의 눈에는 섭리였다. 여기 실린 발췌문 중 일부는 반복되는 실패와 끊임없는 위험에 시달렸던 그의 상황을 염두에 두고 읽을 때 가장 큰 유익을 얻을 수 있다. 맥도널드는 불안을 떨치라고 단호하게 말하는데, 그야말로 그런 말을 할 자격이 있는 사람이다. 글의 어조를 보면 그것이 폐병 환자의 병적인 희망적 사고 *spes phthisica*에서 나온 것이라는 이론이 설득력을 잃는다. 어떤 증거를 보아도 그런 성격은 찾아볼 수 없다. 그가 누린 마음의 평정은 미래에 대한 희망에서 나온 것이 아니라 '거룩한 현재' 속에서 안식한 결과였다. 가난을 감내하는 그의 입장(274번 글을 보라)은 스토아학파의 태도와 정반대다. 그는 명랑하고 유쾌한 사람이었던 것 같다. 돈으로 살 수 있는 아름답고 맛있는 것들을 깊이 음미할 줄 알되, 그것들 없이도 여전히 깊이 만족할 수 있었다. 기록에 남아 있는 그의 주된 약점은 스코틀랜드 사람답게 화려한 장신구를 좋아했다는 것 정도이고, 평생토록 가난한 사람들만 할 수 있는 방식으로 환대를 베풀었다 하는데, 의미심장하면서도 마음이 아려 오는 대목이다. 이 선집을 만드는 과정에서 내 관심사는 작가가 아닌 기독교 교사로서의 맥도널드였다. 작가나 문필가로서 그를 다뤄야 한다면, 나는 까다로운 비평적 문제에 직면할 것이다. 문학을 '글을 매개로 하는 예술'로 정의한다면, 맥도널드를 일급 문학가로 꼽을 수는 없을 것이다. 2급에도 끼지 못할지도 모른다. 그러나 그의 안에 있는 지혜와 거룩함(감히 이렇게 부르고 싶다)이 그의 문체가 지닌 열등한 요소들을 극복하거나 심지어 태워 없애는 구절들이 있고, 그중 상당수는 이 선집에 발췌문으로 실려 있다. 표현은 정확하고 묵직하고 간결하고, 예리함까지 갖추고 있다. 그러나 그는 그런 수준을 지속적으로 유지하지 못한다. 전체적으로 글의 짜임새는 평범하고 가끔은 어설픈 구석도 있다. 설교단에서 익힌 안 좋은 습관들도 보인다. 비국교도 특유의 수다와 화려한 장식을 좋아하는 옛 스코틀랜드인 특유의 약점(이것은 던바William Dunbar[2]부터 《웨이벌리Waverly》[3]에 이르는 스코틀랜드 소설에서 죽 이어진다), 노발리스Novalis[4]에게서 따온 지나친 달콤함이 가끔씩 불쑥불쑥 튀어나온다. 그러나 문학평론가의 눈으로 보아도 그것이 그의 전부는 아니다. 그가 가장 잘 쓰는 장르는 판타지다. 알레고리적인 것과 신화적인 것 사이를 누비는 판타지다. 내가 볼 때 그는 판타지를 누구보다 잘 쓴다. 우리가 당면한 핵심 문제는 이 기술, '신화 만들기'의 기술이 문학적 기술의 범주에 속하는가에 있다. 그런 분류에 반대하는 근거는 신화가 본질적으로 글에만 존재하는 것이 아니라는 데 있다. 발데르Baldr[5] 이야기가 위대한 신화요, 다함 없는 가치를 지녔다는 데는 다들 동의한다. 그러나 그렇게 말할 때 우리는 누구의 버전, 누구의 글을 생각하는가?

나로 말하자면 딱히 누구의 글도 생각하지 않는다고 답하겠다. 내 지식과 기억으로는 발데르 이야기를 대단히 잘 펼쳐 냈다고 할 만한 시인을 꼽을 수 없다. 나는 그

2 1463~1530년, 영국 스코틀랜드의 초서파Chaucerians 시인. 풍자적이고 종교적으로 몽환적인 작품을 썼다.
3 월터 스콧(Walter Scott, 1771~1832년, 영국의 소설가·시인)의 역사소설. 1814년 출판.
4 1772~1801년, 독일의 시인·소설가. 주요 저서로 《밤의 찬가Hymnen an die Nacht》(1800년), 《푸른 꽃Heinrich von Ofterdingen》(1802년)이 있다.
5 북유럽 신화에 나오는 광명光明의 신.

이야기의 특정 버전을 생각하지 않고 있다. 그 이야기가 구현되는 것 자체는 특별한 의미가 없다. 정말 나를 기쁘게 하고 내 정신을 윤택하게 해주는 것은 특정 패턴으로 이루어지는 사건들이다. 그것이 마임이나 영화처럼 언어가 아닌 매체로 내게 전해졌다 해도 나는 똑같은 기쁨을 얻고 똑같이 정신이 윤택해졌을 것이다. 다른 신화들도 모두 사정이 같다. 내가 아르고Argo 호[6] 원정대 이야기를 생각하고 그것에 찬사를 보낼 때에는 아폴로니오스 로디오스Apollonius Rhodius[7]의 버전(나는 한 번도 완독하지 못했다)이나 킹즐리Charles Kingsley[8]의 버전(내용을 완전히 잊어버렸다)에 찬사를 보내는 것이 아니다. 모리스William Morris[9] 버전의 아르고 호 이야기는 대단히 유쾌한 시이긴 하지만 거기에 찬사를 보내는 것 역시 아니다. 이 부분에서 신화적 유형의 이야기들은 서정시와 정반대의 위치에 있다. 키츠John Keats[10]의 시 〈나이팅게일에게Nightingale〉의 '테마'를 그것이 담긴 글과 분리해서 말하려 해보면, 말

---

6 그리스의 영웅들이 타고 원정을 떠났던 배.

7 BC 295년경~BC 215년경, 고대 그리스의 서사시인. 호메로스 이래의 대영웅 서사시 《아르고나우티카Argonautika》 작가로 유명하다.

8 1819~1875년, 영국의 소설가·성직자. 어린이를 위해 《물의 아이들 The Water Babies》(1863년)을 발표해 근대 공상 이야기의 선구자가 되었다.

9 1834~1896년, 영국의 시인·공예가. 주요 저서로 《지상의 낙원 The Earthly Paradise》(1868~1870년)이 있다.

10 1795~1821년, 영국의 낭만주의 서정시인.

할 수 있는 것이 거의 아무것도 없음을 알게 된다. 여기서 형태와 내용의 분리는 엉터리 추상으로만 가능할 뿐이다. 그러나 순전히 사건들의 패턴이 중요한 이야기, 즉 신화에서는 사정이 다르다. 신화 속 사건들을 우리의 상상력 안으로 성공적으로 실어 주기만 한다면 어떤 통신수단이든 '제몫을 다한' 것이다. 그다음에는 통신수단을 던져 버릴 수 있다. 물론, 통신수단이 글일 경우, 잘 쓴 편지가 바람직할 것이다. 그러나 그것은 조금 더 편리하다뿐, 어떤 경우건 수신자가 내용을 숙지하고 나면 편지는 곧장 쓰레기통 속으로 들어갈 것이다. 마찬가지로 독자가 신화의 내용을 익히고 나면 그 글은 (램프리어 John Lemprière [11]가 썼을 법한 글이라 해도) 곧장 잊어버릴 것이다. 시에서는 글이 몸이고 '테마'나 '내용'이 영혼이다. 그러나 신화에서는 상상의 사건들이 몸이고 표현되지 않는 그 무엇이 영혼이다. 신화를 표현한 글, 마임, 영화나 화보는 옷도 아니며, 차라리 전화에 가깝다. 몇 년 전 나는 이 부분을 직접 체험했다. 누군가와 대화하면서 카프카 Franz Kafka [12]의 《성 Castle》의 줄거리를 처음 들은 후 나중에 책을 구해 읽었는데, 특별히 더 얻은 것은 없었다. 나는 대화하면서 이미 그 신화를 받았고, 그것이 가장

---

[11] 1765~1824년경, 영국의 고전문학가.
[12] 1883~1924년, 유대계의 독일인 작가. 주로 인간의 불안과 소외, 부조리를 주제로 삼았다.

중요했던 것이다.

대부분의 신화는 선사시대에 만들어졌고, 개인들이 의식적으로 만들어 낸 산물은 아닌 것 같다. 그러나 가끔 현대에도 천재가 나타난다. 카프카나 노발리스 같은 천재 작가는 신화를 만들어 낸다. 맥도널드는 이런 부류 중 내가 아는 가장 뛰어난 사람이다. 하지만 그 천재성을 어느 쪽으로 분류해야 하는지는 모르겠다. 그것을 문학적 천재성이라 부르는 것은 만족스럽지 못하다. 지독히 열등한 글쓰기 기술과도 공존할 수 있기 때문이다. 아니, 글과의 연관성 자체가 외적 조건에 불과하고, 어떤 의미에서는 우연히 글을 만났을 뿐이다. 그렇다고 다른 예술 장르에 자리를 잡은 기술도 아니다. 비평이 그동안 대체로 무시해 온 기술, 또는 재능이 있는 게 아닌가 싶어진다. 그것은 가장 위대한 기술의 하나일 수도 있다. 왜냐하면 그것은 위대한 시인들의 작품이 그렇듯 (처음 만났을 때) 우리에게 큰 기쁨과 (계속 접하게 되면) 큰 지혜와 힘을 주는 작품들을 만들어 내기 때문이다. 어떤 면에서 신화는 시보다는 음악에 더 가깝다. 적어도 대부분의 경우는 그렇다. 그것은 우리가 이미 느껴 본 것들을 표현하는 수준을 훌쩍 뛰어넘는다. 우리가 아직 가져 보지 못한 느낌들, 가지기를 기대한 적도 없는 느낌들을 불러일으킨다. 마치 정상적인 의식 상태를 부수고 나와 '태생적으로 약속되지 않은 기쁨을 소유'한 것 같다고 할까. 신화는 우리의 신경을 긁고, 생각이나 심지어 감정보다도 더 깊은 곳까지 파고들어 우리를 자극하고, 기왕의 확신들을 흔들어 놓는다. 그리하여 마침내 우리는 모든 질문들을 다시 열어놓게 되고, 그것이 주는 충격으로 어느 때보다 번쩍 깨어나게 된다.

바로 이런 신화 만들기 기술에서 맥도널드는 탁월했다. 그래서 이 선집에서는 그의 최고의 능력이 잘 드러나지 않는다. 《판타스테스Pantastes》, 《공주와 고블린The Princess and the Goblin》, 《공주와 커디The Princess and the Curdie》, 《황금 열쇠The Golden Key》, 《현명한 여인The Wise Woman》, 《릴리스》는 그의 위대한 작품들이다. 이 작품들은 그 자체로 대단히 훌륭하기 때문에 발췌할 것이 거의 없다. 그 의미, 암시, 광채가 이야기 전체에 녹아 있다. 거기서 분리해 낼 수 있는 장점들을 발견한다면 우연일 뿐이다. 반면 그의 소설들은 이 책을 위한 풍부한 수확의 원천이었다. 그의 소설들이 훌륭하다는 뜻은 아니다. 맥도널드는 형편이 어려워 소설가가 되었지만 그의 소설 중 괜찮은 것은 드물고, 정말 좋은 작품은 하나도 없다. 그의 소설들은 소설 쓰기의 전형에서 벗어난 작품일수록 좋은데, 두 가지 방향으로 그렇다. 가끔 그의 소설들은 소설의 전형에서 벗어나 판타지에 가까워지는데, 《기비 경Sir Gibbie》의 주인공 성격을 묘사하는 부분이나 《윌프레드 컴버미드Wilfred Cumbermede》의 처음 몇 장이 그런 경우다. 그런가 하면 줄거리에서 벗어나 대놓고 장황한 설교로 들어가기도 하는데, 줄거리 때문에 읽는 사람에게는 참기 힘들겠지만 나에겐 반가운 대목이다. 저자는 서툰 소설가일지 몰라도 설교자로서 탁월하기 때문이다. 이렇게 그의 최고의 글 중 일부는 가장 시원찮은 작품 속에 숨어 있다. 나의 과제는 발굴자의 임무와 비슷했다. 지금까지 나는 객관적인 기준에 따라 판단할 때 그의 소설들이 어떻게 보일지 설명했다. 그러나 물론, 거룩함을 사랑하고 맥도널드를 사랑하는 독자라면—그런 독자는 스코틀랜드도 사랑해야 할지 모른다—그가 쓴 최악의 소설들 안에서도 비판을 무장해제하는 요소를 발견할 것이고, 그 결점들에 이상하고도 어색한 매력을 느끼게 될 것이다. (그러나 이것은 우리가 좋아하는 작가들에 대해 공통적으로 경험하는 일이기도 하다.) 그의 소설에는 보기 드문, 거의 독보적이라 할 수 있는 장점이 하나 있다. '착한' 캐릭터들이 언제나 가장 훌륭하고 설득력이 있다는 점이다. 그가 만들어 낸 성자들은 생명력이 있는데 악당들은 자연스럽지 않다.

앞서 말했다시피 나는 맥도널드의 문학적 명성을 되살리기 위해서가 아니라 그의 종교적 가르침을 퍼뜨리기 위해 이 선집을 기획했다. 그래서 대부분의 발췌문을 세 권 분량의 《전하지 않은 설교》에서 뽑았다. 나는 그 책에 더할나위 없이 큰 빚을 졌다. 내게 그 책을 소개받은 거의 모든 진지한 구도자들은 그 책에서 큰 도움을 받았음을 인정한다. 기독교 신앙을 받아들이는 데 필수불가결한 도움이 되었다고 인정하는 이들도 있다.

나는 맥도널드의 사상을 역사적으로나 신학적으로 분류하지 않으려 한다. 그럴 만한 학식도 없거니와, 무엇보다 그런 식의 분류 작업을 그리 탐탁하게 여기지 않기 때문이다. 양심의 소리를 잠재우는 한 가지 아주 효과적인 방법은 그것을 전하는 교사를 어느 '주의' 안에 집어넣는 것이다. 우리가 어떤 사람을 '토마스주의자', '바르트주의자', '실존주의자'라고 부르고 나면 그의 나팔소리가 더 이상 우리 마음을 어지럽히지 않는다. 맥도널드에게는 그 양심의 소리가 살아 있다. 그는 우리의 의지에다 대고 말한다. 순종에 대한 요구, "더도 덜도 말고 행하라"는 요구가 끊임없이 이어진다. 하지만 바로 그 양심의 소리 안에서 그의 다른 모든 능력이 함께 목소리를 낸다. 지성, 상상력, 유머, 환상 그리고 온갖 애정이다. 그는 현대의 그 누구보다 율법과 복음의 대비, 혼자서는 실패할 수밖에 없는 도덕의 한계를 또렷이 인식한 듯하다. 하나님의 아들 됨은 그의 사상의 다양한 요소들을 하나로 묶어 주는 핵심 개념이다. 그에게 오류가 없다는 말은 감히 하지 않겠다. 하지만 나는 그리스도의 영에 그보다 더 가까이 다가간 작가, 더 지속적으로 그 곁에 머문 작가를 알지 못한다. 그리스도와 같은 부드러움과 엄중함의 결합은 바로 거기서 나온 것이다. 나는 신약성경을 제외한 다른 어떤 글에서도 두려움과 위로가 그토록 긴밀하게 결합되어 나타나는 것을 보지 못했다. 내가 여러 발췌문의 제목으로 붙인 '굽힐 줄 모르는 사랑'이 선집 전체의 제목이 될 수 있을 것이다. 사랑보다 못한 무언가의 고집이 아니라 굽힐 줄 모르는 사랑의 집요함이 후렴처럼 선집 곳곳에 흐른다. "피할 가망은 없습니다." "대적과 즉시 화해하십시오." "그렇지 않으면 나중에 강제 집행을 당하게 됩니다." "마지막 한 푼까지 내게 될 것입니다." 하지만 이 절박함은 결코 날카로운 비명으로 바뀌지 않는다. 모든 설교에 스며 있는 사랑과 경이감이 그것을 막아 준다. 맥도널드는 하나님을 무시무시한 분으로 그린다. 하지만 (제레미 테일러Jeremy Taylor[13]의 표현대로) "그분은 우리가 행복을 거부할 때 끔찍한 일들로 위협하신다."

많은 면에서 맥도널드의 사상은 그가 속한 시대와 그의 개인사를 볼 때 기대하기 힘든 탁월함을 상당한 정도로 갖추고 있다. 메마른 지성주의 신학에서 달아난 낭만주의자라면 감정과 '종교 체험'을 지나치게 높이 평가하는 반대쪽 극단으로 치닫기 쉽다. 그러나 19세기 작가 중에서 감정을 적절한 자리에 배치하는 일에 맥도널드만큼 확고한 일관성을 보여 준 사람은 거의 없다(발췌

---

13 1613~1667년, 영국의 성공회 성직자·작가. 1636년 찰스 1세의 궁정 전속 목사가 되어 활동하였고, 청교도혁명 때 투옥되었다가 석방된 이후 《성생론聖生論, *The Rule and Exercise of Holy Living*》(1650년)을 쓰고 큰 호평을 받았다.

문 1, 27, 28, 37, 39, 351번을 보라). 구체적인 것을 단호하게 강조하는 그의 자연철학(발췌문 52, 67, 150, 151, 184, 185, 187, 188, 189, 285번)은 기계론과 관념론 사이를 맴돌던 시대사조에 거의 영향을 받지 않았다. 그는 허버트 스펜서Herbert Spencer[14]나 그린T. H. Green[15]보다는 화이트헤드Alfred North Whitehead[16] 교수에게 분명 더 편안함을 느꼈을 것이다. 발췌문 285번은 이 점을 잘 보여 주는 특히 훌륭한 글이다. 모든 낭만주의자들은 덧없음을 생생하게 인식하지만 대부분 그것을 애통해하는 데 그친다. 그러나 맥도널드에게 그로 인한 향수는 출발점일 뿐이다. 그는 거기서 더 나아가 그것이 만들어진 목적을 발견한다. 그의 심리적 통찰도 주목할 만하다. 그는 자기 성찰을 통해 드러나는 의식적인 자아가 피상적인 것임을 현대인들 못지않게 잘 알고 있다.《공주와 고블린》에 나오는 왕의 궁전의 지하실과 다락방들,《릴리스》에서 베인 씨가 자기 집에 대해 느끼는 두려움, 그리고 자아에 대한 우리의 일상적인 가정에 가하는 강력한 비판(201번 글)이 다 여기서 나온 것이다. 어쩌면 가장 주목할 만한 것은 그가 두려

14 1820~1903년. 영국의 철학자. 36년간에 걸쳐 쓴《종합철학체계The Synthetic Philosophy》로 유명하다.
15 1836~1882년. 영국의 철학자이자 근본주의적 정치 개혁가.
16 1861~1947년. 영국의 철학자·수학자. B. 러셀과 함께《수학원리Principia Mathematica》(1910~1913년)를 저술하여 수학의 논리적 기초를 확립하고자 했다.

움에 부여하는 역할이 아닐까 싶다. 그는 그것이 열등하고 원시적이긴 하지만 영적 생활에서 없어서는 안 될 역할이라고 본다(3, 5, 6, 7, 137, 142, 143, 349번 글). 어린 시절의 가르침에 대한 반발에 부딪친 그는 이 지점에서 얄팍한 자유주의로 갈 수도 있었을 것이다. 그러나 그런 일은 일어나지 않았다. 그는 참으로 모든 사람이 구원받기를 바랐지만 그것은 모두가 회개하기를 바라는 마음 때문이었다. 그는 전능자도 회심하지 않은 자들을 구원할 수 없음을 (누구보다 잘) 안다. 그는 영원한 불가능성을 결코 하찮게 보지 않는다. 그는 트러헌Thomas Traherne [17]처럼 따뜻하고 부드럽지만, 《그리스도를 본받아》만큼이나 엄격하기도 하다.

적어도 내가 받은 인상은 그렇다. 이 선집을 편집하면서 나는 빚처럼 여겨지던 합당한 의무를 다했다. 나는 그를 내 스승으로 여긴다는 사실을 숨긴 적이 없다. 그의 글을 인용하지 않고 쓴 책은 하나도 없었던 것 같다. 그러나 내 책을 좋게 봐준 사람들이 내가 그에게 받은 영향에 대해서는 충분히 주목하고 있는 것 같지 않았다. 정직하기 위해서라도 나는 그것을 강조할 수밖에 없다. 굳이 정직을 들먹이지 않더라도, 나는 대학 교수인지라 '출전出典 추적Quellenforschung'이 뼈에까지 스며들어 있다.

17 1637~1674년, 영국의 성공회 사제, 형이상학파 시인. 뒤늦게 출간된 저서 《명상의 수세기 Centuries of Meditations》(1908년)가 유명하다.

내가 에브리맨판Everyman edition 《판타스테스》를 산 것은 30년도 더 되었다. 서점 책장에 꽂혀 있는 그 책을 보고도 외면한 것이 열 번도 넘었으니 선뜻 내켜서 샀다고 말하지는 못하겠다. 책을 펼쳐 들고 두어 시간쯤 지났을 때 나는 내가 큰 경계를 넘어섰음을 알았다. 당시 나는 낭만주의에 허리까지 잠겨 있었고, 언제라도 더 어둡고 사악한 형태의 낭만주의로 빠져들 가능성이 충분히 있었다. 그랬더라면 깊은 내리막길에 접어들어 이상한 것을 좋아하는 상태에 머물지 않고 기괴함과 도착적倒錯的인 것을 좋아하는 지경까지 나아갔을 것이다. 그런데 《판타스테스》는 분명히 낭만주의적이지만 뭔가 다른 점이 있었다. 당시의 나에게 기독교보다 더 생경한 것은 없었으니 정확히 무엇이 다른지는 알 수 없었다. 다만 그 신세계가 이상하면서도 수수하고 소박하다는 점, 꿈이면서도 그 안에서 이상하게 정신을 바짝 차리고 있는 듯한 느낌을 주는 꿈이라는 점, 책 전체에 서늘한 아침의 순수함과 더불어 분명한 죽음, 바람직한 죽음의 특징이 명확하게 흐르고 있다는 점을 의식할 뿐이었다. 그 책이 실제로 내게 해준 일은 내 상상력을 회심시키고 세례를 준(이 부분에서 죽음이 개입했다) 것이었다. 그 책은 내 지성이나 (당시의) 양심에는 아무런 영향을 끼치지 않았다. 지성과 양심의 회심은 여러 다른 책과 사람들의 도움에 힘입어 훨씬 뒤에 찾아왔다. 그러나 그 과정이 완성되었

을 때—물론 이 말은 '그것이 정말 시작되었을 때'라는 뜻
이다—나는 내가 여전히 맥도널드와 함께 있고, 그가 줄
곧 나와 동행했었으며, 첫 만남에서 그가 말해 줄 수 없
었던 많은 내용을 들을 준비가 되었음을 발견했다. 그러
나 어떤 의미에서 그 내용은 그가 《판타스테스》를 통해
처음 이야기해 준 것과 같았다. 깍지는 버리고 낟알만 얻
는 일은 일어나지 않았다. 그는 금박 입힌 알약이 아니었
다. 겉부터 속까지 다 금이었다. 그의 판타지 작품들에
서 나를 매료시킨 특징은 알고 보니 진짜 우주의 특성,
즉 우리 모두가 살고 있는 신적이고, 마법적이고, 무시무
시하고, 황홀한 현실의 특징이었다. 내가 《판타스테스》
에서 사랑하게 된 것이 '선善'이었다고 누군가가 당시 십
대였던 내게 말했다면 나는 충격을 받았을 것이다. 그러
나 이제 나는 안다. 그의 글에 속임수는 없었다. 속임수
는 오히려 반대편에 위치하고 있다. 선을 율법과 의무의
영역으로 제한하는 그 산문적인 도덕주의에 있다. 그런
도덕주의로는 '의의 나라'에서 불어오는 신선한 공기를
얼굴에 느낄 수 없고, 눈길만 한번 스쳐도 거의 육욕처
럼 간절히 바라게 되는 잡히지 않는 형상, (사포Sappho[18]의
구절을 빌리자면) "금보다 더 빛나는" 것이 드러나지도 않
는다.

---

[18] BC 610~580년경, 고대 그리스 문학을 대표하는 여류 시인.

맥도널드에 대한 평론을 쓰자는 게 아니니 이 정도로 마칠까 한다. 옮겨 쓰는 과정에서 뜻하지 않게 실수한 부분을 제외하고, 나는 두 가지 방식으로 원문에 '손을 댔다'. 발췌문을 추리는 작업의 난점은, 원하지 않는 부분은 빼면서 의미는 정확히 남도록 하는 데 있다. 그렇게 하는 과정에서 나는 가끔 단어를 하나 삽입하기도 하고(언제나 괄호 안에 넣어서), 때로는 구두점을 바꾸었다. 몇몇 본문에 대해 인쇄업자가 내 표기를 따르지 않은 경우가 있기는 하지만, 하나님을 가리키는 대명사의 첫 글자는 대문자(He, His, Him)로 표기했다. 하나님에 대한 공경심을 지면에 표시하는 일이 대단히 중요하다고 생각해서가 아니라, 영어처럼 대명사가 쉽사리 혼동되는 언어에서 오해의 소지를 없앨 수 있는 방법을 거부한다는 것은 어리석은 일이기 때문이다.

C. S. 루이스

차례

머리말   4

안개 속의 아이

1 메마른 영혼
우울한 생각, 실패, 태만, 혼란스러운 건망증에 짓눌려 그 어떤 감동이나 바람, 기쁨, 기대도 없는 자, 그러나 그래도 포기하지 않고 하나님께 나아가 "당신은 나의 피난처이십니다"라고 말할 수 있는 자, 그의 믿음은 완전합니다.

소멸시키는 불

2 굽힐 줄 모르는 사랑
굽힐 줄 모르는 건 사랑뿐입니다. 상대의 청원에 굴복하는 사랑은 불완전하고 빈약합니다. 굴복하는 사랑은 불순물이 섞인 사랑입니다. ……사랑은 그 자신으로 상대를 정결하게 만들고야 마는 까닭입니다. 사랑의 변치 않는 목표는 상대가 절대적으로 사랑스러운 모습이 되는 것입니다. 상대의 사랑스러움이 불완전하여 한껏 사랑할 수 없을 때, 사랑은 상대를 더욱 사랑스럽게 만들고자 전

1~257번 글은 조지 맥도널드의 설교 모음집인 《전하지 않은 설교》에서 발췌했다 (고딕체는 각 설교의 제목).

력을 다합니다. 그래야 더 사랑할 수 있기 때문입니다. 사랑은 완전함에 이르고자 노력하되, 그 자신도 사랑의 대상 안에서 완전해지고자 힘씁니다. ……그러므로 사랑받는 자 안에 있는 아름답지 않은 모든 것, 사랑을 가로막고 사랑에 어울리지 않는 모든 것은 파괴되어야 합니다. 그래서 우리 하나님은 소멸시키는 불이십니다 [히 12:29].

3 하나님의 불

하나님은 하늘과 땅을 흔드실 것이고, 흔들리지 않는 것만 남게 될 것입니다. 그분은 소멸시키는 불이시니 소멸되지 않는 것만이 영원히 설 것입니다. 하나님은 지극히 정결하셔서 정결하지 않은 모든 것을 불처럼 살라 버리시는 분이기에, 그분의 본성에 따라 우리에게 정결한 예배를 요구하십니다. 그분은 정결한 예배를 받고야 마실 것입니다. 그렇게 예배하지 않으면 우리 모두를 살라 버릴 거라는 뜻이 아닙니다. 불은 모든 불순한 것이 타버린 후에도 우리 안에서 계속 타오를 것입니다. 단, 더 이상 고통을 주거나 태워 버리는 불이 아니라 참생명, 하나님의 임재에 대한 지극한 인식으로 활활 타오르는 불이 될 것입니다.

4 지혜의 시작

히브리인들은 어떻게 그들의 정체성을 정면으로 부정하고 금송아지를 섬기는 일이 옳다고 판단할 수 있었을까요? 그런 상태라면 차라리 두려움이 낫습니다. ……두려움은 육욕보다 고상합니다. 하나님을 두려워함이 하나님을 모르는 것보다 낫고, 손으로 만든 신들을 섬기는 것보다 낫습니다. ……두려움에서 나온 예배는 상당히 수준이 낮긴 하지만 참됩니다. 하나님은 영과 진리의 예배만 받으시므로 두려움에서 나온 예배를 받지 않으시지만, 그래도 귀하게는 보십니다. 그분은 인간을 현재의 모습으로만 보시는 게 아니라 앞으로 될 모습으로 보시며, 앞으로 될 모습만이 아니라 지금 성장하는 모습, 성장의 잠재력까지 보시기 때문입니다. 하나님은 당신의 형상에 따라 인간을 만드셨고 그 형상에 이르도록 성장하게 하십니다. 그러므로 움직임의 한 단계씩만 놓고 보면 별 가치가 없어 보여도, 그것들이 천 개만 모이면 헤아릴 수 없는 가치를 지니게 됩니다. 그것들이 모여 꼭 필요한 연속적 이행 과정을 이루고 무한한 흐름으로 이어지기 때문입니다. 이런 식으로 퇴보가 계속된다면 결국 악마가 될 것이고, 성장이 계속된다면 성인聖人이 될 것입니다.

5 깨어나지 않은 자들

하나님이 그들을 사랑하셔서 불태워 깨끗하게 하실 거라는 말을 들으면 그들이 위로를 받을 수 있을까요? ……그들은 깨끗해지기를 원하지 않습니다. 괴로움을 당하는 것을 견디지 못합니다.

6 시내산

그리고 하나님은 그들이 두려워하는 일을 행할 준비가 되어 있지 않던가요? 그분이 어떤 심정과 어떤 목적으로 그 일을 하실지 그들은 짐작도 못하겠지만 말입니다. 하나님은 죄를 적대하십니다. 그들과 죄가 하나인 한, 하나님은 그들을 적대하시고 그들의 소원, 목표, 두려움, 소망을 적대하십니다. 그것은 하나님이 언제나 전폭적으로 <u>그들을 위하시기</u> 때문입니다. 그날의 천둥과 번개와 폭풍우, 나팔소리가 울려 퍼지며 펼쳐진 암흑, 하나님의 음성과 함께 밀려 온 그 무시무시한 광경, 이 모두는……하나님이 사악함과 이기심을 어떻게 생각하시는지, 그런 상태를 얼마나 역겨워하시는지 보여 주는 희미한 영상일 뿐입니다.

7 아니다

하나님이 사랑이시라는 말은 그분을 두려워하는 것이 근거 없는 처사라는 말입니까? 아닙니다. 그들이 두려워하는 일이, 어쩌면 그보다 훨씬 심한 일이 그들에게 닥칠 것입니다. ……진노는 그들이 자신이라 부르는 것을 태워버릴 것입니다. 그래서 하나님이 만드신 참자아가 모습을 드러낼 것입니다.

8 자연법칙

흔들리지 않는 것은 남을 것입니다. 하나님 안에서 불멸의 것은 사람 안에 남을 것입니다. 그러나 그 사람을 쥐고 있는 죽음은 소멸될 것입니다. 파괴될 수 있는 것은 모두 파괴될 것입니다. 이것이 자연법칙, 즉 하나님의 법칙입니다.

9 피할 가망은 없다

행위가 악한 사람은 불길을 두려워합니다. 그러나 그가 두려워하건 부정하건, 불길은 어김없이 찾아올 것입니다. 피할 가망은 없습니다. 사랑은 굽힐 줄 모르기 때문입니다. 우리 하나님은 소멸시키는 불이십니다. 마지막 한 푼까지 다 갚기 전에는 나오지 못할 것입니다(마 5:26).

더 높은 믿음

10 유일한 말씀

성경은 대단히 엉뚱한 대접을 받고 있습니다. 성경 어디를 보아도 성경이 유일한 말씀이자 길과 진리라는 주장은 없습니다. 성경은 우리를 예수께로, 다함이 없이 펼쳐지는 하나님의 계시가 있는 곳으로 인도합니다. 오직 그분 안에만 "모든 지혜와 지식의 보화가 감추어져"〔골 2:3〕 있습니다. 성경은 우리를 그분께로 이끌어 줄 따름입니다.

용서받지 못할 죄

11 어떤 아이의 죄

내가 아는 한 아이는 옷차림에서 핀을 부적절하게 사용한 바람에 성령을 훼방하는 죄를 지었다고 믿고 있습니다. 신학의 중요한 문제에 아이의 불건전한 상상을 끌어들인다고 나무랄 생각은 마십시오. "이 작은 자 중의 하나도 업신여기지 말라"〔마 18:10〕 하셨으니. 신학자들이 죄의 문제에 있어 아이들만큼 진리에 가까우면 얼마나 좋을까요. 불건전한 상상이라니요! 아이는 금지된 행동을 하는 것이 잘못이라는 것을 알았고, 자신이 그 사실을 알고 있다는 것을 분명하게 인식했습니다. 아이의 두려움에는 합리적 근거가 있었습니다. …… 예수님은 아이에게 그런 어리석은 생각에 "개의치 말라"고 말씀하시지 않았을 것입니다. 비록 나이 어린 여자아이지만, 예수님은 그 아이에게 이렇게 말씀하지 않으셨을까요? "나도 너를 정죄하지 아니하노니 가서 다시는 죄를 범하지 말라" 〔요 8:11〕.

12 영적 살인

사람을 죽이는 것은 <u>그를 용서하지</u> 않는 것에 비하면 한없이 가벼운 죄라고 할 수 있습니다. 살인은 순간적인 충동으로 저지를 수 있지만, 용서하길 거부하는 건 <u>작심 끝에 내리는</u> 선택입니다. 누군가를 미워하는 일, 자신의 소小우주에서 미워하는 상대를 배제하고 그의 이미지나 영상을 죽이는 느낌을 음미하는 일은 영적 살인입니다.

13 불가능한 일

자기 이웃을 용서할 마음이 없는 사람은 하나님이 <u>그를</u> 기꺼이 용서하려 하신다고, 용서하기 원하신다고 믿을 수 없습니다. …… 만약 하나님이 자기 형제를 미워하는 사람에게 "내가 너를 용서하노라"고 말씀하신다면, 그리고 만약 (불가능한 일이지만) 그 용서의 음성이 그의 귀에 닿는다면, 그것이 그에게 어떤 의미가 있겠습니까? 그 사람은 그 음성을 어떻게 해석하겠습니까? 아마도 이런 의미로 다가오지 않을까요? "너는 계속 미워해도 된다. 나는 개의치 않는다. 너는 정말 크게 분한 일을 당했으니 미워하는 것이 정당하다." 하나님은 물론 모든 억울한 일, 분한 일들을 다 고려하십니다. 그러나 분한 일, 증오할 수밖에 없는 핑곗거리가 많은 사람일수록, 가능하기만 하다면 그 증오의 지옥에서 건겨 냄을 받아야 하지 않겠습니까? ……그 사람은 하나님이 죄인을 사랑하시는 것이 아니라 죄를 용서하신다고 생각할 수 있는데, 하나님은 결코 그렇지 않으십니다. (즉, 흔히 말하는 '죄 용서'는 죄인을 용서하고 죄를 파괴시킨다는 의미—엮은이) <u>모든</u> 죄는 응분의 운명을 맞습니다. 즉, 하나님이 지으신 인류의 낙원에서 돌이킬 수 없이 쫓겨납니다. 하나님은 죄인을 너무나 사랑하시기에, 그를 용서하시기 위해서는 그의 가슴 속에서 그를 사로잡고 있는 악마를 쫓아내시는 수밖에 없습니다.

새 이름

14 진리는 진리이다
예수님의 입에서 나오건 발람[이스라엘 백성이 우상숭배와 음

행의 죄를 짓게 한 선지자, 벧후 2:15-16]의 입에서 나오건, 진리
는 진리입니다.

15 흰 돌 (계 2:17)

새 이름이 적힌 흰 돌을 주시는 것은 받는 자에 대한 하
나님의 생각을 알리시는 일입니다. 그것은 의인에 대한
하나님의 판결이요, 의인의 엄숙하고 거룩한 운명입니다.
하나님은 그에게 "복 받은 자여 오라"[마 25:34]고 말씀하
십니다. …… 돌 위에 새겨진 참이름은 주인공의 성품과
본성, 존재 의미를 드러냅니다. 그것은 그 사람의 상징,
달리 말해 영혼의 그림이며, 오직 그에게만 속한 표지입
니다. 누가 사람에게 이것, 참이름을 줄 수 있을까요? 하
나님뿐이십니다. 하나님 외의 누구도 그 사람의 실체를
보지 못하는 까닭입니다. ……그가 그 이름에 걸맞게 되
었을 때 비로소 하나님은 그에게 이름이 적힌 돌을 주
십니다. 그때에 이르러야 비로소 그는 자신의 이름이 뜻
하는 바를 이해할 수 있기 때문입니다. 그가 피워 낼 꽃,
완성, 완전함이 그 이름을 결정하며 하나님은 처음부터
그것을 예견하십니다. 그 꽃, 그 완전함을 만드신 분이
하나님이시기 때문입니다. 그러나 꽃이 나오기 전, 영혼
의 나무는 자신이 어떤 꽃을 피우게 될지 헤아릴 수 없
고, 아직 도래하지 않은 완성을 나타내는 제 이름의 의

미를 알 수도 없습니다. 그 이름은 이름의 주인공이 이름과 같아지기 전에는 주어질 수 없습니다. 하나님이 사람에게 주시는 이름에는 그 사람에 대한 하나님의 생각이 담겨 있습니다. 하나님은 그를 지으실 때부터 완성된 모습을 생각하셨으며, 그 모습을 줄곧 염두에 두시고 오랜 창조의 과정을 통해 실현시키십니다. 그 이름을 말하는 것은 그 성공을 인치는 일이며 '내가 너를 기뻐한다'는 의미입니다.

16 개성

"받은 자밖에는 그 이름을 알 사람이 없습니다"[계 2:17]. 각 사람은 하나님과 개별적이고도 고유한 관계를 맺고 있습니다. 그는 다른 누구도 아닌, 그분의 형상을 따라 창조된 존재, 하나님께 고유한 존재입니다. 따라서 그는 다른 누구도 할 수 없는 고유의 방식으로 하나님을 경배할 수 있습니다.

17 사람 안에 있는 비밀

하나님은 각 사람에게 다른 반응을 보이십니다. 각 사람에 관해 하나님은 비밀을 갖고 계십니다. 새 이름의 비밀입니다. 모든 사람 안에는 빈자리가 있는데, 고유한 생명이 담긴 그 내면의 방에는 하나님만 들어가실 수 있습니다. 그러나 그보다 더 깊은 내면의 방이 있습니다.

18 하나님 안에 있는 비밀들

하나님 안에도 (오 겸손하신 하나님, 제가 하는 말을 받아 주소서) 특별히 정해진 한 사람만 고유하게 들어갈 수 있는 방이 있습니다. 그는 그 방에서 독특한 계시를 깨닫고 힘을 얻어 형제들에게 전해 줍니다. 아버지의 비밀스런 것들을 드러내는 일, 이것이 바로 그가 지어진 목적입니다.

19 군중은 없다

하나님은 사람들을 군중으로 보시지 않습니다. 하나님이 모인 사람들에 관해 말씀하실 때는 군중이 아니라 영적 몸을 의미합니다.

20 비교는 없다

우리에겐 비교할 여지가 없습니다. 야망은 이웃보다 위에 서려는 욕망입니다. 우리는 스스로를 이웃과 비교할 수 없습니다. 흰 돌에 무엇이 쓰여 있는지는 받는 사람만 알기 때문입니다. ……상대적 가치는 숨겨져 있고, 하나님 나라의 자녀들은 그것을 알 수 없습니다.

21 끝
흰 돌을 받은 승리자는 이렇게 말합니다. "하나님은 그분을 위해 기뻐하며 나를 만드셨고, 내가 가장 좋아하는 이름으로 나를 부르셨다."

보물이 있는 마음

22 좀과 녹
보물과 함께 있는 것은 보물과 같은 처지가 됩니다. ……보물은 보물창고 안에서 좀이 들고 녹이 습니다〔마 6:19〕. 그 보물창고를 떠나지 못하는 마음은 보물과 함께 썩게 될 것입니다. ……멋있고 근사한 모습으로 돌아다니지만, 그 힘찬 모습, 아름다운 껍데기 안에 있는 마음은 녹슬고 좀먹은 남녀가 많습니다. "그러나 그건 비유일 뿐이잖아요." 맞습니다. 그럼 한번 물어보지요. 현실은 원래 비유보다 더한가요, 덜한가요?

23 빈 껍질

하나님이 보실 때 당신의 마음이 염려로 녹슬고 야망과
탐욕의 벌레에 먹혀 빈 껍질만 남았다면, 그것이 당신의
마음의 실제 상태임이 분명합니다. 하나님은 사물을 있
는 그대로 보시기 때문입니다. 그리고 언젠가 하나님이
보시는 대로 자신의 마음을 볼 수, 아니, _느낄_ 수밖에 없
는 날이 올 것입니다.

24 여러 종류의 좀

좀의 교훈은 맘몬을 섬기는 자들에게만 해당하는 것
이 아닙니다. ……일시적인 모든 것을 섬기는 사람들에
게 똑같이 해당합니다. 하나님의 칭찬보다 사람의 칭찬
을 구하는 이들, 재산, 취향, 지력, 능력, 예술 등의 재능
을 뽐내고 그로 인해 얻은 사람들의 인정을 지상의 창고
에 모아들여 애지중지하는 이들 말입니다. 그뿐 아니라,
일시적인 즐거움, 즉 어떤 식으로건 오감의 즐거움을 추
구하는 이들, 그 자체로는 적법한 것이라도 그 즐거움을
낙으로 삼는 사람들은 좀의 교훈을 무서운 경고로 받아
들여야 합니다. 그런 즐거움들이 마술의 속임수같이 거
짓된 것이라서가 아닙니다. (거짓된 것은 아닙니다.) 그것들
이 덧없이 사라져 극렬한 실망감을 남기기 때문도 아닙
니다. (그보다는 훨씬 더 좋은 것입니다.) 문제가 되는 것은 따

로 있습니다. 영원하신 하나님의 형상에 따라 창조된 불멸의 존재, 무한한 존재가, 언젠가 사라져 부패할 것들로 자신을 채우고 그것들을 자신의 목표인 양 붙든다는 사실입니다. 사라지고 부패하는 것들을 계속 붙들고 있다가는 결국 그것들이 일으키는 고질병에 걸리고 속속들이 감염되고 맙니다. 그 질병은 인간의 우월성에 걸맞게 인간 안에서 더욱 끔찍한 증상으로 나타납니다.

광야의 시험

25 성경

이 이야기에는 주님이 하신 말씀이 문자 그대로 담겨 있지는 않을지 모르지만, 그래도 우리가 받기에 충분한 진리가 반영되어 있을 것이고, 일생일대의 발견을 위한 기회가 들어 있을 것입니다. 하나님의 계시 방식에는 인간의 통로를 거친 수식 작용이 필수적일지도 모릅니다.

26 돌이 떡이 되게 하라는 명령

아버지께서 저것은 돌이라고 말씀하셨습니다. 아들은 그 돌에게 떡이 되라고 말씀하시지 않았습니다[마 4:4]. 창조의 명령은 다른 창조의 명령과 모순될 수 없습니다. 아버지와 아들의 마음은 하나입니다. 주님은 배고프시고 굶주리셨지만, 아버지께서 만드신 물질을 다른 것으로 바꾸지 않으셨습니다. 군중을 먹이신 기적에서도 그런 식의 변화는 일어나지 않았습니다. 물고기는 여전히 물고기였고 떡은 여전히 떡이었습니다. ……이 기적들에는 출현 기간의 단축이 있었을 뿐입니다. 저는 모든 기적이 다 그런 것이라 생각합니다. 일반적인 경우 천 년이 걸릴 일을 하루 만에 하시는 것입니다. 하나님의 시간은 우리의 시간과 다릅니다. 그분은 시간을 만드십니다. ……천 년 걸릴 일을 하루 만에 이루신다고 해서 그 안에 원래부터 담겨있는 기적적인 특성이 조금이라도 늘어나는 것은 아닙니다. 오히려 곡식을 자라게 하는 기적이 수천 명을 먹이는 기적보다 더 위대하다고 저는 생각합니다. 버림받은 듯하나 보리밭에서의 헤아릴 수 없는 경이로움이 만들어 내는 창조의 힘보다는, 단박에 즉시 나타나는 창조의 힘이 더 이해하기 쉽습니다.

27 종교적 감정

이 첫 번째 시험의 보다 중요한 측면은, 사람이 음식을 섭취하고 몸이 어떤 상태에 이르지 못하면 자신이 믿는 바가 느껴지지 않는다는 데 있습니다. 이 부분에서도 대답은 동일합니다. 사람은 떡으로 사는 것이 아니듯 느낌에 따라 살지도 않습니다.

28 메마른 영혼

사람이 진리를 더 이상 <u>느끼지</u> 못한다고 해서 죽는 것
은 아닙니다. 그는 삽니다. 하나님이 참되시기 때문입니
다. 그는 자신이 살아 있다는 걸 알 수 있습니다. 하나님
이 진리시라는 말씀을 깨달은 바 있고 여전히 그것을 알
고 있기 때문입니다. 그러므로 모든 것이 어둡고 아무것
도 보이지 않아도 그는 이전에 본 하나님을 믿고 그 말
씀에 따라 삽니다.

29 주제넘음

"만일 너희가 믿음이 있고 의심하지 아니하면 이 무화과
나무에게 된 이런 일만 할 뿐 아니라 이 산더러 들려 바
다에 던져지라 하여도 될 것이요"[마 21:21]. 많은 선한 사
람들이……이 말씀의 힘에 기대어 주 하나님을 시험해
보려는 유혹을 받았습니다. ……그들은 그것이 믿음이라
고 생각했지만, 다행히도 그런 확신은 시간이 가면 대체
로 그들을 실망시킵니다. 믿음이란 주님의 뜻을 아는 경
우엔 그 뜻대로 행하고, 주님의 뜻을 모를 경우엔 멈춰
서서 기다리는 것입니다. ……그러나 하나님께 "주님, 무

엇을 하리이까?"〔행 22:10〕 외의 다른 질문을 하는 것은
그분께 입장 표명을 강요하거나 빨리 일하시라고 재촉
하는 것입니다. ……그런 처사는 하나님과 자신을 철저
히 분리시키는 일이요, 내면에서 주어지는 하나님의 뜻
에 따라 행동하지 않고, 말하자면 하나님이 어떻게 나오
실지 보려고 그분의 면전에서 제멋대로 행동하는 일입니
다. 인간의 우선 과제는 '내가 이렇게 저렇게 하면 하나
님이 어떻게 하실까?'가 아니라 '하나님은 내가 무엇을
하기 원하시는가?'라고 묻는 것입니다.

30 하나님을 아는 지식
'당신'이 무슨 뜻인지 모르고 "당신은 하나님이십니다"라
고 말한다면 그게 무슨 소용이 있겠습니까? 하나님을 알
지 못하는 자에게 하나님은 하나의 이름에 불과합니다.

엘로이

31 열정
우리 주님의 고난, 이 끔찍한 사실을 대할 때 우리는 더
없이 거룩한 두려움을 안고 다가가야 합니다. 그분은 우
리보다 크시니 그분의 고난이 덜했을 거라고 생각해선

안 됩니다. 본성이 섬세할수록, 사랑스럽고 참되고 적법하고 옳은 모든 것에 생생하게 깨어 있을수록, 고통의 적대성과 생명을 덮치는 죽음의 침입을 더 많이 느끼고, 세상의 조화가 깨어짐이 더욱 무섭게 다가오며, 그 깨어지는 소리는 고문과도 같아집니다.

32 엘리, 엘리

예수님은 하나님이 보이지 않고 가까이 느껴지지도 않았지만 "나의 하나님"이라 외치셨습니다(마 27:46). 예수님의 믿음이 곧 무너질 것처럼 보이던 그때야말로 그분의 의지가 마침내 승리를 거두는 순간이었습니다. 그곳에는 그분의 의지를 떠받쳐 줄 만한 감정도, 몰두할 만한 지복직관至福直觀도 없었습니다. 그 몸이 벌거벗겨져 빌라도 앞에서 채찍질을 당했던 것처럼, 그분의 의지 또한 벌거벗은 채 영혼 안에서 고문을 당했습니다. 그러나 고난에 둘러싸였어도 그분의 의지는 순결하고 단순하게 선언했습니다. 나는 하나님 편이라고.

33 동일한 시험을 받으셨다

이 최후의 시험이 없었다면, 우리 주님이 당하신 시험들은 인간의 잔이 담을 수 있는 최대치에 이르지 못했을 것입니다. 만약 그랬다면 우리가 통과해야 하는 인생 행로에서 '맏형'을 큰 소리로 불러도 아무 대꾸도 없고, 들어주는 이도 없는 영역이 하나 생겼을 것입니다. 그곳은 예수님이 회피하신 죽음의 지점이 되었을 것입니다.

34 대신 감당하신 외로움

이것이 하나님의 아들의 믿음입니다. 하나님이 (말하자면) 물러나신 것은 아들의 완전한 뜻이 떨치고 일어나 아버지의 완전한 뜻을 찾아 나서게 하기 위함이었습니다. 그때에도 아들께서는 하나님이 아버지이심을 믿지 못하는 잃은 양들을 생각하시고, 모든 것을 잃고 눈멀고 사랑마저 없는 그들을 대신해 하나님을 아버지라 부르며 외치셨습니다. 하나님이 그들의 아버지이시자 그 이상의 존재이심을 아시기에 그들도 그분을 아버지라 부르게 하기 위함이었습니다.

35 비루한 그리스도인들

우리는 너무나 비루한 그리스도인들이며 여전히 그런 상태에 머물고 있습니다. 그리스도가 아니라 우리 자신을 바라보기 때문이고, 우리 자신의 흙투성이 발이 남긴 자국들과 더럽혀진 옷의 자취를 응시하기 때문입니

다. ……각 사람이 주님의 발자국을 짓밟아 지워 버리고
는, 그 자리에 생겨난 자기 발자국을 주님의 것이라 부
르며 이웃의 발자국이 그것과 얼마나 일치하는지 살피
고 나섭니다. 구질구질한 피조물만이 저지를 수 있는 구
질구질한 잘못을 범한 후, 그것 때문에 자신이 더럽혀졌
다고 수치스러워하며 친구와 자녀와, 일하는 아랫사람들
앞에서 탄식합니다. 그러나 그래서는 안 됩니다. 동료들
에게 한시바삐 잘못에 합당한 고백과 배상을 한 뒤, 자
신의 하찮은 자아와 그것이 자초한 수치를 잊고 눈을 들
어 하나님의 영광을 바라봐야 합니다. 그 영광만이 우리
안에 있는 참사람을 소생시키고 우리가 '자아'라는 대단
히 잘못된 이름으로 부르는 시시한 피조물을 죽일 수 있
기 때문입니다.

36 메마른 영혼

우리의 마음속에 햇빛이 비칠 때, 하나님이 가까이 계
심이 느껴지는 그때가 아니면 하나님께 할 말도 없고 그
분과 아무 할 일도 없습니까? 그렇다면 우리는 하나님
의 은혜에 수동적으로 반응할 뿐 주도적으로 그분께 나
아가지 않는 가엾은 피조물입니다. ……하나님이 가깝
게 느껴지지 않을 때 우리는 대체로 어떻게 행동합니까?
느낌이 사라졌다고 주저앉아 탄식합니까? 아니면 거기

에 더해, 그 느낌을 불러일으키려고 미친 듯이 몸부림칩니까?

37 메마름의 용도

하나님은 성령의 즉각적인 은사를 부으시어 우리가 언제나 올바른 느낌을 갖고, 선한 것을 원하고, 순결함을 사랑하고, 하나님과 그분의 뜻을 갈망하게 만드시지 않습니다. 하나님은 그럴 의향이 없거나 그럴 능력이 없으십니다. 만약 하나님께 그럴 의향이 없다면, 그렇게 하는 것이 좋지 않을 것이기 때문임이 분명합니다. 하나님께 그럴 능력이 없다면, 그건 그분이 그럴 수 있더라도 그렇게 하고자 하시지 않기 때문입니다. 하나님이 정하신 조건보다 더 나은 조건이 그분의 마음에 떠오를 수 없기 때문입니다. ……진실은 이것입니다. 하나님은 우리를 그분의 형상을 따라 선을 <u>선택</u>하고 악을 <u>거부</u>하는 존재로 만들기 원하십니다. 하나님이 특별히 개입하실 때의 상황처럼 <u>언제나</u> 내면에서부터 우리를 아름다운 거룩함으로 이끌어 가신다면 우리가 어떻게 그런 존재가 될 수 있겠습니까? ……하나님은 우리를 의존적인 존재뿐 아니라 개별적인 존재로도 만드셨는데, 의존성보다 개별성이 더욱 경이로운 것입니다. 하나님은 우리를 그분과 <u>구별된 존재</u>로 만드셨고, 그로 인해 생겨난 자유는 우리가

하나님 앞에 더욱 소중한 존재가 되게 하고, 새롭고 불가
사의하고 경이로운 사랑의 끈으로 그분과 묶어 줍니다.
하나님은 이 모든 일의 뿌리이시고 우리 개별성의 근간
이시며, 사람이 자유로울수록 그에게 자유를 허락하신
하나님과 연결된 끈이 더 강해지기 때문입니다.

38 인간 의지의 최고 상태

인간 의지의 최상의 상태가 무엇인지 알 듯합니다.
……내가 말하는 건 인간의 최상의 상태가 아닙니다. 그
것은 지복직관, 하나님을 보는 것임이 분명합니다. 그러
나 하나님과 별개로 나타나는 것은 아니지만 분명히 구
별되는 인간 의지의 최고 상태는, 하나님이 보이지 않고,
그분을 전혀 이해할 수 없는 상황에서도 그분을 굳게 붙
드는 것입니다.

39 곤고한 영혼

곤고한 영혼이여, 느낌이 없을지라도, 일어서서 행동에
나서는 일은 꼭 있어야 합니다. 당신에게 느낌이 있건 없
건 하나님은 당신을 사랑하십니다. 당신이 마음먹는 대
로 다 사랑할 수는 없어도, 당신 안에 있는 증오와는 끝
까지 싸워야 합니다. 자신이 선한 상태가 아닌데 선한 느

낌을 가지려 애쓰지 말고, 선하신 분께 부르짖으십시오.
당신이 변한다고 해서 그분이 변하시는 것은 아닙니다.
아니고말고요. 당신이 어둠 속에 있고 한 줄기 빛도 찾
을 수 없을 때 하나님은 당신을 향해 특별히 다정한 사
랑을 품으시고, 당신이 일어나 "내 아버지에게 가야겠
다"고 말할 때 기뻐하십니다. ……믿음의 팔짱을 끼고
어둠 속에서 빛이 떠오를 때까지 잠잠히 기다리십시오.
제가 말하는 것은 믿음의 팔이지 행동의 팔이 아닙니다.
해야 할 일이 생각나거든 지체 말고 그 일을 하십시오.
방 청소건, 식사 준비건, 친구를 찾아가는 일이건 바로
행하세요. 자신의 감정에 개의치 마십시오. 해야 할 일
을 하십시오.

아버지의 손

40 위험한 순간

선한 일을 하려 하십니까? 그렇다면 그 어느 때보다 이
렇게 기도해야 합니다. 아버지의 손에 저를 의탁하나이
다. 지금 원수가 저를 사로잡지 못하게 하소서.

41 끝나다

……죽음의 고통이 끝나고, 떠나시는 그분의 영혼 뒤로 세상의 폭풍이 사라졌을 때, 그분은 생명만 있는 곳, 그래서 음악이 아닌 모든 것은 침묵인 영역으로 들어가셨습니다……

42 서로의 지체

하나님의 아버지 되심이 형제들의 사랑 안에서 우리에게 온전히 드러나기 전까지, 우리는 아버지의 품에서 안식할 수 없을 것입니다. 하나님이 그들의 아버지가 되시지 않고서는 우리의 아버지도 되실 수 없기 때문입니다. 우리가 하나님을 그들의 아버지로 느끼지 못하면 우리 아버지라고 알 수도 없습니다.

이웃을 사랑하라

43 독창성

우리 주님은 독창적이 될 생각을 결코 하지 않으셨습니다.

44 도덕법

그러면 율법의 용도는 무엇일까요? 우리를 진리이신 그리스도께 인도하는 것, 우리 마음에서 우리의 가장 심오한 본성, 즉 우리 안에 임하시는 하나님에 대한 감각을 일깨우는 것입니다. 그리고 부분적으로는 실패를 통해, 우리가 의지를 발휘해 가장 순수한 노력들을 펼친다 해도 이웃에게 해를 끼치지 않는 수준에조차 도달할 수 없음을 알게 해주는 것입니다.

45 변함없는 사실

가장 평범한 율법을 성취하기 위해서는……전적으로 더 고상한 영역으로 올라서야 합니다. 그곳은 법 위에 있는 영역이라 할 수 있습니다. 영이고 생명인 곳, 법을 만드는 영역입니다.

46 올라서야 표적에 이를 수 있다

"하지만 어떻게?" 모두가 이웃임을 기꺼이 인정하려는 사람이 가장 사랑하는 여자에 대해서조차 그 분명한 율법을 지킬 수 없음을 발견하고 묻습니다. "어떻게 하면 그 더 높은 영역, 사랑의 최고천最高天으로 올라설 수 있을까?" 그는 이웃을 사랑하려고 즉각 노력해 보지만, 이웃을 사랑하라는 율법이 현 상태에서는 지킬 수 없는 것이듯, 사랑의 최고천 역시 현 상태에서는 도달할 수 없는 영역임을 알게 됩니다. 이웃을 사랑하는 상태로 먼저 올라서지 않고는 그 율법을 지킬 수 없습니다. 더 높은 수준으로 먼저 올라서지 않고는 이웃을 사랑할 수 없다는 말입니다. 우주의 체계 전체가 이 법칙에 따라 움직입니다. 높은 수준으로 올라서야 표적에 이를 수 있습니다. 이웃 사랑은 즉각적으로 의지를 발휘하여 할 수 있는 일이 아닙니다. 존재의 근원이자 보존자이신 하나님으로 가득 채워진 사람만이 이웃을 자신처럼 사랑할 수 있습니다. 이웃의 존재의 근원이자 보호자 역시 하나님이시기 때문입니다. 개별적인 존재들이 서로 관계를 맺는 신비는 인류의 시작과 관련된 신비만큼이나 깊고, 거기서 생겨나는 의문들은 근원이신 하나님 안에 있는 거룩한 필연성을 경험적으로라도 체험해 본 사람만이 이해할 수 있습니다. 오직 하나님 안에서만 사람이 사람을 만날 수 있습니다. 하나님 안에서만 존재의 수렴선收斂線들이 서로 엇갈리지 않습니다. 인간은 그리스도를 머리로 하는 거대한 몸에 속한 원자이며 그 몸에 붙어서 활기를 얻습니다. 그리스도의 마음, 그 머리의 생명력이 원자를 통해 흘러갈 때 그도 살아나고, 의식적으로 형제를 사랑하는 삶도 나타납니다. ……우리 이웃을 자신처럼 사랑하는 일은 <u>분명</u> 가능합니다. 우리 주님의 말씀은 <u>절대</u> 과장이 아닙니다.

47 이유를 알고 사랑하는 사람은 없다

사랑하지 않는 사람에게는 사랑하지 않음이 합리적으로 보일 것입니다. 우리는 이유를 알아서가 아니라 사랑하기 때문에 사랑하는 까닭입니다. 하나님이 창조하신 존재의 최고의 필연성에 대해서는 어떤 인간적 이유도 주어질 수 없습니다. 그것은 언제나 하늘에서 내려오기 때문입니다.

48 내 이웃

사람은 자기 이웃을 선택해서는 안 됩니다. 하나님이 보내주시는 이웃을 그냥 받아들여야 합니다. ……이 순간 내 옆에 있는 사람, 어떤 용무로건 접촉하게 된 사람이 바로 나의 이웃입니다.

49 변함없는 사실

자아라는 지하감옥에는 우울하고 찡그린 상태에서 부싯돌을 부딪쳐 일으킨 불꽃과 벽을 문질러 낸 광이 전부이고, 그곳의 바람은 우리 코에서 나오는 콧김뿐입니다. 바깥으로 나오면 하나님의 밝은 햇빛과 우주의 달콤함 바람이 있습니다. 자아의 지하감옥에서 나오는 문은 이웃 사랑, 하나뿐입니다.

원수를 사랑하라

50 사랑할 수 없는 대상

하지만 비열하고 밉살스럽고 매사에 트집을 잡고 확신이 없으며 제 잘난 맛에 살고 저만 챙기고 자기 도취에 빠진 남자나 여자를 어떻게 사랑할 수 있을까요? 본질을 놓고 보면 경멸은 살인보다 더욱 흉악한, 인간이 저지를 수 있는 가장 비인간적인 잘못인데, 남을 경멸하는 사람을 어떻게 사랑할 수 있을까요? 이런 모습들을 사랑할 수는 없습니다. 최고의 사람은 이런 모습들을 가장 미워하고, 최악의 사람이라도 이것들을 좋아할 수는 없습니다. 하지만 이런 모습들이 바로 그 사람일까요? ……그 남자와 여자 안에는 형제애와 자매애의 신적인 흔적, 사랑스럽고 사랑받을 만한 그 무엇이 남아 있지 않은가요? 서서히 흐려져 가고 있을 수도 있습니다. 사악한 열정의 맹렬한 불길이나 그보다 더 무서운 이기심의 냉기 아래서 죽어가고 있을 수도 있지만, 그래도 남아 있지 않습니까? ……우리가 그를 미워할 수 있는 것은 이 바래가는 인간성 때문입니다. 그가 남자나 여자가 아니라 우리에게 해를 끼치는 동물일 뿐이라면, 우리는 그를 미워하지 않을 것입니다. 그냥 죽여 버리고 말겠지요.

51 사랑과 정의

하나님은 인간이 동료로부터 정의가 아니라 사랑을 받도록 만드셨습니다. 사랑은 정의보다 더 크고 정의를 포괄함으로써 정의를 대신합니다. <u>단순한</u> 정의란 가능하지 않으며, 분석의 결과로 태어난 허구일 뿐입니다. ……정의가 정의답게 되려면 정의보다 훨씬 큰 것이 되어야 합니다. 사랑은 우리 존재의 법칙입니다. 어둠 속에서 똑바로 걸을 수 없는 것처럼, 사랑이 없으면 정의를 행할 수 없습니다.

산 자의 하나님

52 몸

우리는 몸을 매개로 자연과 동료, 그리고 이 둘이 우리에게 알려주는 모든 것과 접촉합니다. 몸을 통해 열정과 고통, 사랑, 아름다움, 과학이 주는 온갖 교훈을 받아들입니다. 몸을 통해 자신의 바깥으로 나가는 훈련을 받고, 내면의 가장 깊은 자아로 들어가 하나님을 발견합니다. 몸은 덧없지만 생명에 필수적이고, 빙하처럼 완만히 흘러가면서 영혼을 가리기도 하고 드러내기도 하며, 끊임없이 솟아오르는 무지개처럼 외면할 수 없는 인간성의 구체적인 측면입니다. 몸에는 영광과 힘이 깃들어 있습니다. 그 안에 담긴 영혼 못지않게 몸도 하나님이 만드신 작품입니다.

길

53 선함

아버지는 아들에게 모든 것이 되시고, 아들은 정직한 사람이 자신의 정직함을 생각하지 않는 것처럼 자신의 선함을 생각하지 않으십니다. 선한 사람은 선함을 보면서 오히려 자신의 악을 생각합니다. 예수님께는 악이 없기에 자신의 악을 생각할 수 없었지만, 그렇다고 해서 자신의 선함을 생각하지도 않으십니다. 예수님은 아버지의 선함을 기뻐하십니다. "네가 어찌하여 나를 선하다 일컫느냐?"〔막 10:18〕

54 그리스도께서 관심 갖지 않으시는 것

주님은 고립된 진리나 겉치레식 행위에 관심을 갖지 않으십니다. 주님이 소중히 여기시는 것은 내면에 있는 진리이고, 선행의 어머니인 선한 마음입니다. ……그분은 선함의 개념이 아니라 선한 사람들에게 관심을 가지십니다. 생명의 결과로 나타나는 선행, 영혼 속에 있는 사랑과 의지가 생생하게 작용하여 형태를 갖추고 몸을 입고 나타난 선행에만 관심을 가지십니다.

55 기쁨을 드리기는 쉬우나 만족을 드리기는 어렵다

율법을 완전하게 지키는 자가 아니면 하나님을 만족시켜 드릴 수 없다고 저는 온 마음과 온 힘을 다해 말할 수 있습니다. 그러나 그 외의 다른 사람은 하나님이 아끼지 않으신다는 말은 원수의 거짓입니다. 어느 아버지가 뒤뚱거리며 처음으로 걸음을 떼는 어린 아들을 기뻐하지 않겠습니까? 또 어느 아버지가 아들이 장성하여 늠름하게 자기 걸음을 걷기도 전에 만족하겠습니까?

56 도덕법

하나님이 계명을 주신 일차적인 목적은 우리가 그것을 완전히 순종하는 데 있지 않습니다. 계명에 순종해야 하지만 그럴 수 없음을 깨닫고, 더 열심히 노력할수록 더 많은 것이 요구됨을 깨달아 부득불 생명과 율법의 근원, 우리의 생명과 하나님의 율법의 근원으로 나아가게 하는 것입니다. 그리하여 율법에 대한 순종이 가능한 일이 되도록, 더 나아가 자연스러운 일이 되도록 생명을 덧입혀 주시기를 구하게 하려는 것입니다.

57 속박

무엇이 되었건 사람이 자신보다 못한 것과 헤어지지 못한다면 그것에 속박되어 있다고 말할 수 있습니다.

58 부자 청년 (마 19:16-22)

선택의 시간이었습니다. ……그는 거절을 택했고 자신의 정신 상태를 알게 되었으며 영혼의 혼란을 겪었고 자신의 마음을 살피는 슬픈 과정을 겪었습니다. 누구에게나 선택의 시간이 찾아옵니다. 순종할 것인가, 아니면 그처럼 거절하고 그 사실을 인식하며 살아갈 것인가. ……정확한 시점은 하나님만 아시겠지만, 언젠가 때가 이르면 그는 자기 행동의 본질을 깨닫게 될 것입니다. 선택을 내리던 당시에도 희미하게나마 본질을 깨닫고 있었음을 알게 될 것입니다. 그에게는 다른 쪽을 선택할 기회가 있었습니다.

59 율법과 영

계명을 지키기 위해 내면의 싸움을 벌이는 한, 결코 계명을 지킬 수 없습니다. 내면이 이리저리 쪼개진 마음의 무게에 눌려 꼼짝달싹 못하게 되기 때문입니다. 순결한 손을 갖기 위해서는 깨끗한 마음이 필요하고, 율법을 지키기 위해서는 살아 있는 영혼의 모든 힘이 필요합니다. 몸부림치는 힘이 아니라 생명의 힘이, 의무감에서 나온 노력이 아니라 사랑의 힘이 필요합니다.

60 우리의 미숙함

이제 막 자신의 의무를 파악하고 자신이 처한 현실을 인정한 사람은 생명의 길에 갓 들어선 아장아장 걷는 어린아이와 같습니다. 인간 됨의 첫째 조건인 이 사실을 인정하지 않는 바보들이 아직 많습니다. 하지만 그렇다고 해도 그 처지를 갓 깨달은 사람이 어린아이에 불과하다는 사실은 바뀌지 않습니다. 그는 길에 올랐습니다. 그 길에서 떠나지 않는다면 지혜롭다 할 수 있습니다. 머물 수 있는 동안만큼만 지혜롭습니다. 하늘 아버지는 그를 영접하려고 그를 향해 손을 뻗고 계십니다. 그러나 그렇다고 그가 훌륭한 존재라는 뜻은 아닙니다. 지혜의 본보기가 되는 것도 아닙니다. 그에게 여전히 많이 남아 있는 어리석음은 최악의 순간(즉, 자신이 최고라고 느끼는 때)마다 자신이 대단한 피조물이라고 생각하도록 그를 꼬드깁니다. 그러나 실상은 분명합니다. 그는 하나님의 가엾은 피조물 중 하나에 불과합니다.

61 지식
그가 주님의 말씀대로 했더라면 금세 이해하게 되었을 것입니다. 순종이 눈을 뜨게 해줍니다.

62 영원한 삶
영원한 삶에 대해 시원찮게 생각하며 범상한 정신을 소유한 자들이 영생에서 얻고자 하는 모든 것은 영생에 따라붙는 그림자일 뿐이고, 그 자체로는 생각할 가치도 없습니다. 인간이 하나님과 하나가 되면 영원히 살 수밖에 없지 않겠습니까?

그 길의 어려움

63 너희는 완전하라
"나는 완전할 수 없어. 가망이 없어. 하나님도 그걸 기대하시진 않아." 이보다는 이렇게 말하는 것이 더 정확

할 것입니다. "나는 완전하고 싶지 않아. 구원받은 것으로 만족해." 이런 사람은 하늘에 계신 아버지께서 완전하신 것처럼 완전하기를 바라지 않고 소위 '구원받은' 상태에 흐뭇해합니다.

64 썩어 빠진 안심

자신의 모습에 너무나 만족한 나머지 영생을 구해 본 적이 없고, 하나님의 의義, 존재의 완전함에 굶주리고 목말라 본 적도 없습니까? 만약 그런 상태라면 안심하십시오. 주님께서는 당신에게 가진 것을 팔아 가난한 사람들에게 주라고 요구하지 않으실 겁니다. 주님은 다른 사람에게는 말씀하십니다. "<u>너</u>는 나를 따르라! <u>너</u>는 나와 함께 좋은 소식을 전하러 가자!" 의를 원하지 않는 당신의 경우는 다릅니다! 주님은 당신과 함께 있기를 원하지 않으십니다. 분명히 말하지만, 안심하십시오. 하나님은 당신을 원하지 않으십니다. 주님은 당신에게 지갑을 열라고 요구하지 않으실 것입니다. 당신은 지갑을 열 수도 있고 닫을 수도 있지만, 어느 쪽이든 주님께는 아무 의미가 없습니다. ……<u>가서 계명을 지키십시오.</u> 주님의 요구는 아직 당신의 돈에까지 이르지 않았습니다. 당신에게는 계명으로 충분합니다. 당신은 아직 하나님 나라의 자녀가 아닙니다. 당신은 아버지의 품을 원하지 않습니다.

당신에게 중요한 것은 그분의 지붕이 제공하는 보호막입니다. 당신의 돈에 대해서는 계명의 지시에 따라 적당히 쓰면 됩니다. 혹시 가진 것을 모두 팔라는 요구가 있을까 봐 염려하십니까? 안됐지만 주제넘은 염려입니다. ……그 젊은이가 모든 것을 팔아 주님을 따라갔다면 하나님의 귀족 계급 특허증을 받게 되었을 것입니다. 하나님은 당신에게 그런 증서를 내미신 적이 없습니다.

65 변함없는 사실

이 말을 듣고 안심이 됩니까? 그렇다면 당신은 큰일입니다! ……당신이 안심한다는 것은 주님께 당신이 필요 없다는 뜻이기 때문입니다. 주님은 당신에게 돈을 내놓으라고 요구하시지 않지만, 자신을 주시겠다고 제안하지도 않으십니다. 당신은 은 삼십에 그분을 팔지는 않지만, 가진 것을 모두 주고 그분을 사지 않아도 된다며 좋아합니다.

66 얼마나 어려운가?

이 생명, 이 하나님의 나라, 이 단순하고 절대적 존재 안으로 들어가는 일은 어렵습니다. 얼마나 어려울까요? 구원의 주님께서 여러 말로 어렵다고 따로 말씀하실 만큼 어렵습니다.

67 외적인 것들

안정감을 갖기 위해 생명, 곧 본질적인 생명 이외의 다른 것에 의지하는 사람은 노예입니다. 그는 자신보다 못한 것을 붙들고 있습니다. ……외적인 것들, 무엇보다 육체가 우리에게 주어진 이유는 그것들을 통해 우리가 그것들에 매이지 않고 그것들을 진정으로 소유하도록 훈련받게 하기 위함입니다. 우리가 그것들을 소유해야지, 그것들이 우리를 소유해서는 안 됩니다. 그것들의 용도는 중간 전달자입니다. 보이지 않는 것들, 그 자체로는 볼 수 없는 것들, 언어의 세계가 아니라 침묵의 세계, 흔들릴 수 없고 영원히 남는 세계에 속하는 것들을 보다 낮은 차원의 형태와 모습으로 전해 주는 것입니다. 영원하신 하나님 안에 존재하고 그에게로부터 나오는 이런 보이지 않는 것들이 시공간에 존재하는 것들의 형태로 나타나는 이유는, 그런 모습이 아니면 존재할 수 없어서가 아니라 영원을 위한 훈련을 받는 사람들에게 그 존재를 알리기 위함입니다. 하나님의 자녀들은 이 보이지 않는 것들을 소유해야 합니다. 그러나 그들은 그것들을 얻기 위해 손을 뻗는 대신 그 외적 형태에 집착하고, 보이는 것들만을 소유하려 하고, 몸에 담긴 영혼이 아니라 몸과 사랑에 빠집니다.

68 소유

하나님을 가진 자는 모든 것을 가졌습니다. 모든 것을 만드신 하나님이 모든 것을 갖고 계시기 때문입니다.

69 죽음의 고통

소유물의 독재에 짓눌리고 있는 우리는 이 상태에서 시급히 벗어나야 합니다. 이것이 얼마나 시급한 일인지 봅시다. 예의 그 청년이 자신의 재산에 전 존재로 매달린다면 하나님은 그분이 하실 수 있는 일을 하실 것입니다. 죽음의 천사가 찾아오는 것이지요. 그렇게 되면 가없은 영혼을 그토록 따라다니며 다각도에서 그를 방해하고 가로막던 소유물들은 어디에 있게 될까요? ……그 사람은 소유물의 지배에서 완전히 자유로워질까요? 죽음이 그런 역할을 해줄까요? 그렇게 그를 구해 줄까요? ……그렇지 않습니다. 소유물에 집착하던 사람은 그동안 그것들이 자신을 철저히 지배해 왔음을 처음으로 인식하게 될 것입니다. 소유물과 떨어지기 시작하면서 그것들을 향한 자신의 갈망이 얼마나 강한지 처음으로 깨닫게 될 것입니다. 남은 것이 아무것도 없을 때 비로소 자신이 소유물 없이 살 수 없는 자가 되어 버렸음을 알게 될 것입니다.

70 죽음의 효용

그렇다면 죽음의 효용은 무엇일까요? ……바로 이것입니다. 죽음은 억울함을 불러일으키는 족쇄가 아니라 영혼을 파고들어 위로하는 구속입니다. 이런 식으로 소유물을 잃어버리는 일은……구원을 부르는 손길이 됩니다. 노예가 된 듯 느껴지겠지만 실제로는 자유가 시작되는 것입니다. 영혼의 해방을 경험하려면 먼저 자신이 노예임을 깨닫는 과정을 거쳐야 합니다.

71 부자들만이 아니다

그러나 부자들만 소유물의 지배를 받는 것은 아닙니다. 돈이 없다는 이유로 불행해하는 사람들 역시 노예입니다.

영적 우둔함의 원인

72 두려운 생각

우리는 자신의 삶이 궁핍하다는 생각에 쉽사리 빠지기 때문에, 하나님이 언제라도 우리를 버리신다고 생각합니다.

73 기적

예수님의 기적들은 아버지께서 평소 하시는 일들을 우리가 파악할 수 있게, 작은 규모로 신속하게 이루신 것들입니다.

74 거룩한 순간

다음 시간, 다음 순간은 100년 후나 마찬가지로 우리 손에서 벗어나 있고 하나님의 손길 아래 있습니다. 다음 순간을 염려하는 것은, 내일이나 천년 후의 어느 날을 염려하는 것 못지않게 어리석은 일입니다. 그 어느 쪽에서도 우리가 할 수 있는 일은 없습니다. 하나님이 모든 것을 다 하십니다. 내일 일 중에서 오늘 준비해야 할 부분만이 오늘의 의무입니다. 해야 할 일과 겹치는 순간만 신경 쓰면 됩니다. 그다음 순간은 하나님이 만드시기 전까지 어디에도 존재하지 않습니다.

75 선견지명

사람이 뭔가를 잊어버려도 하나님은 그가 자신의 기억이나 지력의 주인이 아님을 참작해 주실 것입니다. 하지만 사람은 자기 의지와 자기 행동의 주인입니다. 따라서 어떤 의무를 기억하고도 그 일을 하지 않고 미루다 잊어버린다면, 그것은 전적으로 그의 책임입니다. 사람이 당면 임무를 수행하는 데는 약간의 선견지명으로도 충분합니다. 선견지명은 의무를 결정하고 행동에 돌입하는 데 필요한 정도만 있으면 됩니다. 어제 잘 감당한 일의 기초 위에 내일의 일이 딱 들어맞을 것입니다. 잘 끝마친 일이 천사장의 선견지명보다 미래에 더 큰 의미가 있습니다.

76 부자들만의 문제가 아니다

여러분을 죽이는 것이 물건이라면, 여러분이 그것을 가졌는지, 못 가졌는지가 과연 중요할까요?

77 염려

내일의 염려에 사로잡히면 오늘의 머리는 종일 지끈거리고 심장은 잔뜩 주눅이 듭니다. 차분하게 잠들어 있거나 꿈꾸고 있어야 할 때, 해가 반나절은 더 움직여야 찾아올 시간을 가지고 안달합니다! 주님, 당신께서는 그렇게 하지 않으십니다. 당신께서는 아버지의 일을 하십니다!

78 거룩한 현재

이 순간 당신의 마음을 채우고 있는 염려, 책을 내려놓자

마자 기다렸다는 듯이 달려드는 염려, 그것은 꼭 필요한 염려가 아닙니다. 당신의 생명샘을 빨아먹는 악마입니다. "아닙니다. 내 염려는 합리적인 염려입니다. 아니, 불가피한 염려라구요." 그것이 바로 이 순간 해야 할 일입니까? "아니오." 그렇다면 당신은 이 순간 해야 하는 일은 소홀히 한 채 엉뚱한 염려에 빠져 있는 것입니다. "지금은 딱히 해야 할 일이 없는데요." 아닙니다. 있습니다. 사람이 해야 할 가장 위대한 일이 있습니다. "말해 주세요. 그게 무엇입니까?" 살아 계신 하나님을 믿는 일입니다. ……"저는 영적인 문제들에서 그분을 신뢰합니다." 모든 것이 영적인 일입니다.

79 천국

영혼이 들이마시고 살아갈 만한 유일한 공기는 현재 체험하는 하나님과 의로운 자들의 정신입니다. 그것이 우리의 천국이요 우리의 집이며, 우리가 있어야 할 장소입니다. 우리는 천국의 그 작은 언덕과 들판에서 하나님의 자녀가 될 것입니다. 다른 사람보다 앞서기를 바라거나 그 사람을 쫓아내기를 바라는 사람은 그런 천국을 누릴 수 없습니다. 그때가 되면, 야망과 증오는 하나요, 같은 마음임이 드러날 것이기 때문입니다.

80 흔들리는 기초

바로 해야 할 일, 마음의 문간이 아니라 식탁에 놓여 있는 일일수록 오히려 소홀히 하기 쉽습니다. 사려 깊은 사람조차도 그런 일을 방치하거나 미루는 경우가 허다합니다. ……진리는 하나입니다. 작은 일에서 진리를 행하는 사람은 진리에 속한 사람입니다. 큰일에서만 진리를 행하는 사람, 가까이 있는 작은 일은 한참 뒤로 미루는 사람은 진리에 속한 사람이 아닙니다.

81 안달

우리도 하찮은 일들로 지각을 둔감하게 만들고, 하늘이 주신 공간을 허깨비로 채우고, 하늘이 주신 시간을 허둥대느라 허비합니다. 저는 하찮은 것 때문에 걱정할 때가 있습니다. 작은 물건을 잃어버리는 등의, 제가 봐도 하찮은 일입니다. 그럴 때면 제 기억을 닦달하면서 집을 한바탕 뒤집습니다. 그 물건이 당장 필요해서가 아니라 잃어버리는 게 싫어서입니다. 누군가에게 책을 빌려주고 돌려받지 못했는데 빌려간 사람이 누구였는지 잊어버린 경우에는 잃어버린 책 때문에 안달합니다. ……내가 어떤 물건을 잃어버렸을 때는 그것에 지나친 애착을 품게 될 때가 아닐까요? 이런 경우 물건을 잃어버리는 일은 오히려 하나님의 자비에서 나온 일입니다. 그것을 떠나보내는 법을 배우라고 허락하신 일입니다. 진리에 속한 것 같은 생각이 떠올랐다가 바로 잊어버리는 경우도 있습니다. ……그러면 그것을 기억해 내려고 계속 애를 씁니다. 그러다 스스로 한심하게 느낄 지경이 되어서야 마침내 생각이 납니다. 그렇게 기억해 낸 생각을 공책에 적어놓은 뒤 돌아서서 싹 잊어버리고 맙니다. 그 내용을 확인하겠다고 공책을 다시 들여다볼 일은 결코 없을 겁니다! 하나님의 관심사는 당면한 것들임을 잊은 것이지요.

82 집안일

집안일을 돌보는 사람들은 특히 잘 아실 것입니다. 아무리 작은 문제라도 하나님의 말씀과 얼굴을 가려 버리기엔 충분합니다.

83 염려

크건 작건 상관없습니다. 수천 파운드를 잃어버렸건 1실링이 부족한 상황이건 다를 바 없습니다. 문제가 생길 때마다 하나님께 나아가십시오. ……도무지 하나님께 호소할 수 없을 것 같은 문제일수록 더더욱 그분께 매달려야 할 절실한 문제입니다.

84 문밖의 하나님

하나님은 어떤 문도 강제로 열고 들어가지 않으십니다. 집 주위로 폭풍우를 보내실 수는 있습니다. 징계의 바람이 불어 문과 창문이 덜컹대고 집의 기초까지 흔들릴 수도 있습니다. 그러나 그때에도 하나님은 집 안으로 들어가지 않으십니다. 사랑의 발이 문지방을 넘으려면 안에 있는 자의 손이 먼저 자발적으로 문을 열어야 합니다. 그분은 안에서 문이 열리는지 지켜보고 계십니다. 모든 폭풍우는 사랑의 포위 공격일 뿐입니다. 하나님의 두려운 모습은 그분 사랑의 반대쪽 면일 뿐입니다. 바깥쪽의 사랑이라고 할 수 있지요. 사랑이 있어야 할 자리는 집 안입니다. 사랑은 압니다. 사랑이 들어가기 전까지 집은 그저 하나의 장소에 불과하다는 걸.

기도에 대한 예수님의 말씀

85 어려움

모든 어려운 일은 인생에 대한 우리의 생각이 부족함을 보여 주고, 곧은 길을 내버리는 성향을 제어해 줍니다. 그리고 앞에 놓인 길에만 충실하도록 돕습니다. 그러나 모든 일이 쉽고 순탄하게 펼쳐지는 경우는 분명히 존재합니다. 생명의 주님과 하나 되었을 때입니다. 이 상태를 구하는 기도는 무엇보다 중요합니다. 모든 어려움은 다른 여러 길을 가로막아 이 기도를 하는 자리에 이르도록 우리를 이끌어 줍니다.

86 헛된 경계

"여기를 보라. 저기를 보라. 주님이 오시는 징조가 아닌가?"라고 말하는 사람들은 주님을 너무나 갈망한 나머지 그분이 오시는 길을 염탐하는 것일까요? 주님이 그들에게 깨어 있으라 하신 것은 주님이 오실 때 그들이 맡은 일을 소홀히 하다 발각되는 일이 없게 하라는 뜻이건만, 그들은 이런저런 소리를 하면서 주님이 도적처럼 오시지 못하도록 눈을 부릅뜨고 지켜봅니다. ……생명의 유일한 열쇠는 순종입니다.

87 불완전함

하나님의 형상을 따라 만들어진 자는 하나님을 알아야 합니다. 그렇지 않으면 황폐해지게 됩니다. ……영혼의 불만족, 그렇습니다, 황폐함입니다. 그분 없는 우리의 영혼은 비참하고 외롭고 완성되지 못합니다. 하나님 안에 있지 않으면 우리의 영혼은 자발적으로 움직일 수가 없습니다. 스스로 움직이는 것처럼 보여도 그저 충동에 굴복하는 모습일 뿐입니다. 내면에는 무질서와 발작만 존재합니다. 내 뒤에는 부르짖음이, 앞에는 음성이 있습니다. 개선의 본능은 내게 현재의 자아를 극복하라고, 가능한 한 모든 자아를 넘어서야 한다고 말합니다. 그 말을 어떻게 따를지, 어떻게 실행에 옮길지 모르겠습니다! 나는 의식의 세계에 갇혀 있고, 미지의 나는 미지의 세계에 갇혀 있습니다. 내가 원하지도 선택하지도 않았지만 피할 수 없는 방식으로 이 미지의 세계는 존재합니다. 하나님은 이 세계를 모두 아시고 모두 보십니다. 내가 누구인지 아시는 하나님께 이 세계는, 꿰뚫어볼 수 없거나 이해할 수 없거나 감추어진 대상이 아닙니다.

88 기도

내 괴로움을 하나님께 아뢰어야 하지 않겠습니까? 하나님이 나를 만드심으로 얼마나 괴롭게 하셨는지, 내 모습이 내가 보기에도 얼마나 부족한지 아뢰어야 하지 않겠습니까? 내 존재가 아직은 내가 볼 때도 선하지 않다고. 내게는 내 존재를 참으로 설명해 줄 율법이, 내 존재를 선하게 만들 방법, 선한 존재가 되는 법을 알려 줄 율법이 필요하다고 말입니다.

89 쓸모없는 지식

"어떤 일이 기도의 응답이라는 사실은 의심의 여지가 없어야 하지 않습니까? 바람이 분다는 사실을 아는 것처럼 하나님이 기도에 응답하신다는 사실을 알아선 안 될 이유가 어디 있습니까?" 저의 대답은 이렇습니다. 하나님이 당신에게 그 사실을 간접적으로 알리기 원하신다면 어떨까요? 기도 응답 사실을 의심의 여지 없이 알게 될 경우 아무 유익을 얻지 못한다면 어떻겠습니까? 기도 응답을 증언하는 몇 가지 기록이 남아 있기는 합니다. 하지만 기도 응답은 너무나 사적이고 미묘한 일들과 연관되어 있기에 자주 화제에 오르지 않는 것이 자연스러운 일입니다. 그렇지 않다면 그런 증언이 더 많았겠지요. 기도 응답에 대한 결정적인 증언이란 있을 수 없습니다. 기적을 경험했다는 이야기와 마찬가지로, 그런 증언을 무시할 방법은 언제나 있기 마련입니다. 게다가, 결정적인 증거를 확보한 뒤에 얻는 확신은 별다른 가치가 없습니다. 최고의 증거를 바탕으로 기도 응답을 확신하는 일은 우리에게 전혀 유익을 주지 못합니다.

90 기도

혹시 어려움을 겪고 있습니까? 그렇다면 과연 하나님이 도우시는지 시험해 보십시오. 여러분에게 아무 부족함이 없다면 기도에 대해 물을 이유가 없겠지요. 그렇습니다. 자신이 비참하고 처량하고 가난하고 눈멀고 벌거벗은 상태인 줄 모르는 사람은 스스로를 잘 모르는 사람입니다. 그런 사람에겐 자신에게 부족한 것이 있을지 모른다는 인식이라도 있어야 합니다. 그렇지 않고서야 어떻게 기도할 수 있겠습니까?

91 기도는 왜 필요합니까?

"하지만 목사님 말씀대로 하나님이 그렇게 좋은 분이고, 우리의 모든 필요를 우리보다 훨씬 잘 아신다면, 그분께 무엇인가를 구하는 일이 왜 필요하죠?" 저는 이렇게 대답하겠습니다. 우리에게 최우선적으로, 가장 필요한 것이 기도라면 어떨까요? 그리고 하나님이 생각하시는 기도의 주된 목적이 우리의 크고 끝없는 필요, 하나님 그분에 대한 필요를 채우시는 것이라면 어떨까요? ……집 나간 아이가 배고픔을 못 이기고 집으로 돌아옵니다. 곧장 밥을 얻어먹을 수도 있고 그렇지 못할 수도 있지만, 아이에겐 저녁 식사보다 어머니가 더 필요합니다. 하나님과의 교제는 인간의 모든 필요를 압도하는 영혼의 필요입니다. 기도는 그 교제의 시작이고, 어떤 필요는 그 기도의 동기가 됩니다. ……그렇게 해서 교제, 하나님과의 대화, 그분과 하나 됨이 시작되는데, 이것이 기도의 유일한 목적이요,

무한한 단계로 펼쳐지는 존재 자체의 유일한 목적입니다. 우리는 받을 수 있게 구해야 합니다. 그러나 낮은 단계의 필요들을 구하고 구한 바를 받는 것이 하나님이 우리를 기도하게 만드시는 목적은 아닙니다. 그분은 기도 없이도 우리에게 모든 것을 주실 수 있기 때문입니다. 하나님은 당신의 자녀가 무릎을 꿇고 기도하게 하시고자 주지 않고 참으십니다. 인간이 구하게 하시려는 것이지요.

92 좋은 선물의 조건

정말 좋은 선물에는 두 가지 특징이 있습니다. 첫째, 선물 안에 선물을 주는 이가 함께 담겨 있습니다. (하나님은 언제나 그러십니다. 하나님은 사랑이시기 때문입니다.) 둘째, 받는 사람이 선물 안의 주는 이를 알아보고 받아들입니다. 하나님이 주시는 모든 선물은 그분의 가장 크고, 온전히 만족스러운 유일한 선물인 그분 자신의 전조前兆일 뿐입니다. 주시는 분이 하나님이심을 알아차리지 못한 선물은 최고의 선물이 아닙니다. 하나님이 기꺼이 주실 마음이 있고 우리에게 꼭 필요한 것들인데도 우리가 구하기 전까지 주어지지 않는 이유가 여기 있습니다. 그것들의 출처가 어디인지 우리에게 알리고자 하심입니다. 모든 선물 안에서 하나님을 발견할 때, 그때 우리는 그분 안에서 모든 것을 발견하게 될 것입니다.

93 거짓 영성

기도하는 사람에게 때때로 이런 생각이 찾아듭니다. ……"차라리 기도하지 않는 게 낫지 않을까? 좋은 것이라면 구하지 않더라도 하나님이 주시지 않을까? 내가 이 문제를 온전히 하나님께 맡기면 그분이 더 기뻐하시지 않을까?" 제가 볼 때 이런 생각은 믿음이 없고 유치한 상태에서 나옵니다. ……이런 생각은 영적으로 큰일을 감당한 후 생겨난 자부심의 산물일 수도 있습니다.

94 작은 기도들

모든 간구에는 '당신의 뜻이 이루어지이다'라는 마음과 혼과 정신의 반주가 나지막이 뒤따라야 합니다. 그러나 모든 간구는 우리를 하나님 가까이로 이끌어 줍니다. ……우리가 바랄 만한 대상이라면 기도의 제목으로도 삼아야 합니다. 기도를 받으시는 분이 누구신가 생각하면 그 욕망이 정화되고 바로잡힐 것입니다.

95 부요함과 부족함

부족함 없이는 부요함도 없을 겁니다. 하나님은 인간의 궁핍함에 의해 부요해지십니다. 그로 인해 부요하게 주시며, 우리는 받음으로 부요해집니다.

기도를 대하는 인간의 어려움

96 섭리

"전지하신 분의 계획이 어떻게 우리의 기도로 달라진단 말인가? 그런 말을 어떻게 믿으란 말인가?" 하나님이 전능하시고 앞을 내다보시고 어떤 것도 그분의 길을 가로막지 못하게 하실 것임을 생각하면 충분히 나올 수 있는 질문입니다. ……하나님이 그분의 자녀들보다 별과 행성과 위성, 신적神的 계산과 질서정연한 조화에 더 관심을 두신단 말입니까? 감히 말하지만 하나님은 그런 것들보다 소들에게 더 관심을 가지십니다. 하나님이 세우시는 모든 계획은 그분의 자녀들과 관련이 있습니다. 하나님의 계획은 그들이 자유롭고 주체적이고 살아 있는 존재가 되게 하는 것이므로, 그들에게 그런 자리, 여유, 여지가 반드시 남아 있게 하십니다.

97 하나님의 자유

하나님의 일에 어떤 여유도 없고, 너무나 완전하여 사태의 변화에 따라 계획이 바뀔 여지도 없다면 그것을 완전함이라고 말할 수 있겠습니까? 그렇습니다. 능하신 분도 계획을 바꾸십니다. ……그리고 이제 마침내 그분의 자녀가 기도하고 있습니다! ……저도 제가 원하는 대로 팔

을 움직일 수 있는데, 하나님이 그분의 팔을 움직이실 수
없겠습니까?

98 섭리

그분이 만든 장치들이 자녀 한 사람의 기도에 응답하는
데 방해가 된다면, 하나님은 그것을 치워 버리실 것입니
다. 혼란을 일으키기 위해서가 아니라 자녀에게 여지를
주시기 위해서입니다. 잊지 맙시다. 하나님은 세계와 항
성, 행성, 인력과 척력, 응집이나 결정結晶……등의 거대
한 장난감에 몰두하지 않으십니다. 이런 것들은 의로운
남녀들을 만들어 내어 그분의 사랑의 집을 채우는 일에
쓰시는 그분의 작업실이자 공구일 뿐입니다.

99 우리 주님의 기적

예수님의 모든 기적은 아버지께서 큰 규모로 늘 하시는
일을 조그맣게 행하신 것일 뿐입니다. 포도나무가 멋지
게 자라나 탱탱한 포도송이를 맺는 것에 비하면 돌항아
리에서 포도주가 만들어진 일은 초라했습니다. 살아 있
는 포도나무 뿌리가 흙에서 물을 빨아들이는 것에 비하
면 그릇에 물을 담아 커다란 항아리에 부어야 하는 일도
초라합니다. 가나의 기적은 우리 주님이 보통 사람들의

즐거운 축제에 공감하신 결과로서 나타난 것입니다. 그러나 본질이 같은 더 큰 규모의 기적을 해석해 주는 사건으로서 중요합니다.

100 포도주가 없다 (요 2:3)

어머니의 요청을 받으신 주님은 그분의 계획 안에 그녀가 원하는 일이 들어설 여지를 만드십니다. 그때 기적을 행하는 것은 원래 주님의 뜻이 아니었지만, 어머니가 원하는 일이었기에 주님은 기적을 행하셨습니다. 본인으로 선 건드리지 않으셨을 일을 어머니를 위해 행하신 것입니다. 주님이 어머니가 원하는 일을 늘 하신 것은 아니었습니다. 하지만 이 경우에는 그렇게 하실 수 있었습니다. 그것이 아버지의 뜻을 방해하지 않는 것이었기 때문입니다. ……그러니까 아들은 자신의 계획을 바꾸면서도 아무것도 망치지 않으실 수 있었습니다. 아버지께서도 그렇게 하실 수 있습니다. 아들은 아버지께서 하시는 일을 보고 그대로 따라 하실 뿐이기 때문입니다〔요 5:19〕.

101 중보기도

누군가의 유익이 왜 다른 사람의 기도에 의존해야 합니까? 이 질문에는 다른 질문으로 대답할 도리밖에 없습

니다. "나의 사랑이 왜 다른 사람을 돕는 데 무력해야
합니까?"

102 영원한 반역
우리 자신에 맞서 반역할 여지는 무한합니다.

103 그들은 기도가 유익하다고 말한다
기도를 들어 줄 귀나, 기도에 응답해 줄 마음의 존재
를 믿지 않으면서도 기도하는 사람들이 있습니다. 그들
은 기도가 유익하다고 말합니다. 기도를 들어 줄 대상은
없지만, 그래도 영혼에 유익하다고 말합니다. 저는 그들
의 간증을 반박할 마음은 없습니다. 기도는 영혼에 너무
나 필요한 것이기에 기도하는 시늉만으로도 좋은 기분
을 불러일으킬 수 있으니까요. 존재하지 않는 대상을 향
해 기도하는 것은 논리상 어리석은 일입니다. 하지만 그
들이 말하는 기도의 유익이라는 것이 오히려 그들의 더
큰 어리석음을 드러내고 꾸짖습니다. 그 유익은 기도가
자연스러운 일임을 보여 주는데, 우리의 존재 방식[을 규
정하는] 논리와 모순이 되는 그런 기도가 어떻게 자연스
러운 것이 될 수 있겠는가 하는 질문을 피할 수 없기 때
문입니다.

104 완전해진 기도

하나님과 교감하는 상태에 이르면 아무것도 구하지 않으나 모든 것을 구하게 됩니다. ……아버지가 주실 수 있는 그 어떤 것보다 아버지를 더 추구하는 사람은 구하는 바를 얻기 십상입니다. 엉뚱한 것을 구하지 않을 테니까요.

105 잘못을 바로잡기 위한 기도 응답

하나님은 때로 잘못된 간구에도 응답하십니다. 아버지는 떡을 구하는 자녀에게 결코 돌을 주시지 않습니다. 그러나 돌을 구하는 자녀에게 결코 돌을 주시지 않는다고 단언하지는 못하겠습니다. 아버지께서 "아이야, 그건 돌이야. 떡이 아니란다"라고 말씀하시는데도 "떡이 분명해요. 그걸 주세요"라고 우기는 자녀라면, 한 번쯤 자신의 '떡'을 먹어 보는 것이 낫지 않겠습니까?

106 기다려야 하는 이유

우리가 기도로 구하는 선물이 좋은 것일수록, 그 선물이 도착하기까지 더 많은 시간이 필요할 것입니다. 우리가 원하는 영적 선물을 주시기 위해, 하나님은 우리 영혼의 저 깊숙한 곳, 미지의 영역을 출발점으로 삼아 우리로선 달리 인식할 수 없는 많은 일들을 하셔야 하고, 우리는 그 일의 결과만을 접할 수 있을지도 모릅니다. 우리 존재에서 의식이 차지하는 비중은, 화산의 불길이 터져 나오는 틈과 그 안의 불길을 비교하는 것과 같습니다. 하나님은 우리 존재의 미지의 틈 속에서, 의식의 배후에서 일하십니다. 하나님은 거룩한 영향력을 발휘하시고 친히 함께하심(우리가 하나님께 가장 간절히 구하는 한 가지 아닙니까)으로, 우리의 의식 뒤편에서 다가오고 계시며 우리 안의 어둠의 영역들을 통과하여 우리의 빛 속으로 등장하시는지도 모릅니다. 하나님이 우리의 간구에 응답하심을 우리가 인식하기 오래 전에, 그분은 이미 그 간구에 응답하셨고 그분의 자녀를 찾아가고 계십니다.

107 하나님의 복수

"복수는 나의 것"〔롬 12:19〕이라고 하나님은 말씀하십니다. 이 말씀의 의미를 제대로 이해하는 사람은 하나님의 용서뿐 아니라 복수도 구하게 될 것입니다. 하나님의 복수는 죄를 멸하기 위한 것이며, 죄인이 죄를 버리고 죄를 미워하게 만들기 위한 것이기 때문입니다. 복수의 목적이나 결과가 이보다 못하다면 복수로서 미진하기 짝이 없습니다. 인간은 자기 자신에게 맞서야 합니다. 그것이 진정 자신을 위하는 길입니다. 다른 방법이 모두 소용이 없다면 지옥불이 그 일을 해낼 것입니다. 다른 방법으로 회개와 자기 부인否認을 이끌어 낼 수 있다면 하나님은 그 방법을 쓰실 것입니다. 교우 여러분, 여러분이나 제가 저지른 악행 때문에 누군가가 하나님께 부르짖어 복수를 청한다면, 하나님은 친히 우리에게 복수해 주실 것입니다! 빠져나갈 수 있다고 생각하지 맙시다!

마지막 한 푼

108 이해의 길

아는 바를 행하는 사람은 이해하게 될 것입니다. 행하기보다 이해하는 데 더 관심이 있는 사람은 계속 넘어지고 실수하고 어리석은 말을 하게 될 것입니다. ……재빨리 움직이는 자가 읽게 될 것입니다. 다른 길은 없습니다. 어떤 지식은 머리로만 알게 될 때 도리어 해가 됩니다. 그것은 비유를 말씀하신 분의 뜻이 아닙니다. 그런 사람은 머리로 알고 난 후 '내가 다 파악했다. 내 것이 되었다'고 생각할 테니까요. 진리의 순례자는 순례길에서 만나는 비유의 영역에서 진리에 대한 해석을 발견하게 됩니다. 그것은 쌓아둬야 할 열매나 보석이 아니라, 길가에서 솟아나는 우물입니다.

109 눈먼 상태

불성실과 거짓으로 일관하여 내면의 눈을 감아 버린 사람들은 외면상의 이해력의 눈도 제대로 사용할 수 없게 됩니다. ……이것을 생각하면, 비유가 진리를 가르치기 위한 것이지만 진리를 가리기도 한다는 주님의 말씀을 어렵지 않게 파악할 수 있습니다. 비유는 실천하는 사람을 위한 것입니다. 아는 바를 행하는 사람, 참이해를 추구하는 사람의 이해를 돕기 위한 도구입니다. 비유는 살아 있는 양심에 깨우침을 줍니다. 양심이 살아 있지 않으면 제아무리 예리한 지성의 소유자라도 비유를 이해하지 못합니다.

110 원하는 대로 되리라

전자의 사람들은 그들의 길에 빛이 비치는 것으로 만족합니다. 그런데 후자의 사람들은 눈에 빛을 두려고 합니다. 하지만 그렇게는 안 됩니다. 그렇게 된다면 그것 때문에 눈이 멀고 말 겁니다. 그들에게 많이 아는 것은 더 큰 정죄로 이어질 뿐입니다. 그들은 더 알기에 적합한 사람들이 아니니 더 많은 지식이 주어지지도 않을 것입니다. ……"너는 어둠을 선택하는도다. 너는 어둠 속에서 머물다가 마침내 어둠 속에 거하는 두려움이 소란을 부리면 그때서야 살려 달라고 부르짖게 될 것이다." 하나님은 사람의 의지에 인을 치시는데, 그 내용은 큰 형벌이거나 큰 호의입니다. "너희는 어둠을 사랑하여 어둠에 거하느니라." "여자여, 네 믿음이 크도다. 네 소원대로 되리라" 〔마 15:28〕.

111 대적과 즉시 화해하라

갚아야 할 것이 있다면 해결하십시오. 그렇지 않으면 나중에 강제 집행을 당하게 됩니다. 언젠가 해야 할 일이라면 당장 하십시오. 지불을 면할 길은 없으니, 그것을 강제 집행할 감옥만이라도 피하십시오. 극단적 조치로 정의가 집행되게 하지 마십시오. 의무는 필수 사항입니다. 감당해야 합니다. 만물의 영원한 법칙을 피하려고 해봐야 소용없습니다. 자신의 의무를 스스로 이행하십시오. 그렇지 않으면 하나님이 강요하실 수밖에 없게 될 것입니다.

112 피할 수 없는 것

피할 길은 없습니다. 천국은 지옥을 조금도 담을 수 없습니다. 마음속에든 호주머니 속에든, 이런저런 마귀를 간직하려 해선 안 됩니다. 사탄은 내쫓아야 합니다. 털 하나, 깃털 하나까지도!

113 그리스도, 우리의 의

그리스도는 우리의 의이십니다. 그분이 우리의 면벌부 免罰符라는 말이 아닙니다. 우리가 이제 의로워지지 않아도 된다는 말은 더더욱 아닙니다. 그분이 우리 안에 살아 강력한 의를 창조하신다는 말입니다. 그래서 우리가 스스로의 의지로 그리스도의 영을 영접하고, 그분처럼 죄에 맞서 피 흘리기까지 저항하고 싸우게 될 거라는 의미입니다.

114 즉시 화해하라

당신에게 원한을 품은 사람들이 있다면 아직 그들과 함께 있을 때, 상황이 너무 나빠져서 화해가 어려워지기 전에 문제를 처리하십시오. 언젠가 화해를 하기는 해야 할 것입니다. 그때 가서는 지금보다 상황이 더 안 좋겠지요. 미뤄 봐야 아무 소용없습니다. 피할 수 없습니다. 화해하십시오. 당신이 화해할 수밖에 없게 만드는 방법은 여러 가지가 있습니다.

115 원수에 대한 의무

상대방이 당신의 권리를 존중하는지의 여부는 당신에게 극히 사소한 문제입니다. 하지만 당신이 그의 권리를 존중하는지의 여부는 당신의 생사가 달린 문제입니다. 그가 당신에게 진 빚을 갚건 안 갚건, 당신은 그에게 진 빚을 모두 갚아야만 할 것입니다. 당신이 그에게 1파운드를 빚졌고 그가 당신에게 100만 파운드를 빚졌다면, 그가 100만 파운드를 지불하건 안 지불하건 당신은 그에게 1파운드를 지불해야 합니다. 이것은 무엇보다 중요한 일입니다. 우리는 서로에게 사랑의 빚을 지고 있습니다. 누군가 그것을 모른 채 당신에게 미움을 준다 해도, 당신은 그에게 사랑을 지불해야 합니다.

116 감옥

나는 모든 것의 마지막 감옥, 우주의 채권자의 가장 깊은 감방을 멀찍이서 보았습니다. ……그곳은 거대한 외부입니다. 하나님께서 빛이 되시는 도성의 성문들 바깥에 있는 끔찍한 어둠입니다. 그곳에선 악한 개들이 어둠처럼 소리 없이 돌아다닙니다. 보이는 것도 없고 소리도 없습니다. 표적의 시간은 지나갔습니다. (한때) 모든 감각이 저마다 표적이 있었으나 한결같이 그것을 오용했습니다. 이제 감각도, 표적도 더 이상은 없습니다. 믿음이 붙들고 설 만한 방편이 사라졌습니다. 사람은 죽음이라는 최후의 몸부림에서 깨어납니다. 경험한 적도 없는, 버림받은 어린 시절의 가장 비참한 순간처럼 절대 고독의 상태로. 의식 바깥의 어떤 암시도, 그 어떤 것의 그림자조차도 그에게 닿지 못합니다. ……비참함은 곧 그의 상상 속에 천 가지 모양의 고뇌를 낳을 테고, 그는 그것을 제어하거나 다스리지 못하며 심지어 현실과 구분하지도 못할 것입니다.

117 혼자 있는 것은 좋지 않다

이런 불운한 경우에 처한 사람이라면, 혼자 있는 것보다는 혐오스럽기 그지없는 최악의 벌레라 해도 다른 대상과 접촉하는 쪽을 기쁘게 여길 거라고 저는 믿습니다. 벌레도 생명의 한 가지 모습이고, 그 사람 자신의 막대하고 공허하고 형태 없는 존재 바깥, 그 너머에 있는 것이니 말입니다. 돼지에게 들어가게 해달라고 구했던 귀신의 기도[마 8:31]에서 이것을 감지할 수 있습니다. ……다른 존재들이 바로잡아 주고 비추어 주고 지원해 주지 않는다면, 나의 존재는 안전하지 않을 뿐 아니라 무시무시하기까지 합니다. 존재 자체이신 하나님을 제외한 누구에게나 사정은 동일합니다. 하나님의 형상을 지니고 그분 덕분에 생각을 하는 인간에게 자신의 존재는 너무나 파편적이고 불완전하기 때문에 혼자서는 잘 지낼 수가 없습니다. 외로움을 진정 해결하려면 하나님을 알아야 합니다만, 그 전까지 외로움(그것이 바로 자아입니다)의 횡포로부터 우리를 구해 주는 것은 하나님이 친히 만들어 우리 주위에 두신 사랑스러운 피조물들입니다. 하나님은 그들을 통해 자신을 보여 주십니다.

118 온전하라

살고자 하는 자는 누구나 노예 신분에서 벗어나 하나님의 자녀가 되어야 합니다. 불경건함에 적당히 몸을 담그면서도 치명적인 해는 면하는 편안한 중간 지점은 없습니다. 이제까지 내가 열심히 상상해 본 감옥 같은 상황에 처한 사람이 많건 적건, 또 인간의 영혼이 그 감옥 안에 있건 있지 않건, 구원을 받을 길은 하나뿐입니다. 마지막 한 푼까지 다 갚고 낮아지고 참회하고 자기를 부인하여 아들의 신분을 받고 '아버지!'라 부르는 법을 배우는 것입니다.

아바, 아버지

119 마음

모든 성경은 사적인 해석의 산물이 아닙니다. 인간의 감정도 이와 같습니다. 한 사람의 마음에만 존재하는 감정은 없습니다. 형태와 정도만 다를 뿐, 모든 감정은 모든 사람의 마음에 존재합니다.

120 값진 책임

그분의 형상이 내 안에서 아무리 훼손되었어도, 그것은 그분의 형상이요 사라지지 않고 남아 그분의 말씀을 들을 수 있게 해줍니다. 내 안에 있는 완전한 분의 형상이 망가졌으니 내가 악하고 비참해질 수밖에 없지요. 악해지는 것도 선한 본질에 힘입을 때만 가능합니다. 분명히 그렇습니다! 무슨 일이 있어도 나는 여전히 하나님의 자녀입니다. "동물들을 보세요. 하나님이 만드셨지만 하나님의 자녀라 부르지 않는데요?" 누군가 이렇게 묻는다면, 저는 이렇게 대답할 겁니다. "나에게는 책임이 있습니다. 하지만 동물들에겐 책임이 없어요! 나는 내 책임을 굳게 붙듭니다. 그것이 내 자녀 됨을 확증해 줍니다." 동물들에 대해서는 아는 바가 없으니 동물들을 근거로 어떤 말도 할 수 없습니다. 저는 두 가지를 확신합니다. 하나님이 '신실하신 창조주'시라는 것, 그리고 내가 하나님의 자녀라는 권리를 일찍 주장할수록 동물들에게도 더 낫다는 것입니다. 책임은 없지만 그들 역시 타락했기 때문입니다.

121 동일한 것

아무리 망가져도 나는 여전히 하나님의 자녀입니다. 그렇기에 나에겐 책임이 있습니다. 아, 나는 나의 책임을 놓지 않을 것입니다! 이 책임이 곧 나의 희망입니다.

122 영광스럽게 변한 사람

만물은 결국 사람에게 복종하게 될 것입니다. 인자에게 복종했던 것처럼 말입니다. 하나님이 한 사람에게 뜻하신 바를 행하실 수 있을 때, 그 사람은 세상을 향해 뜻한 바를 행하게 될 것입니다. 그는 그의 주님처럼 바다 위를 걸을 수 있을 테고, 아무리 치명적인 것이라도 그에게 해를 끼치지 못할 것입니다.

123 말씀 안에 있는 생명

만물은 말씀을 통해 지어졌습니다. 그러나 말씀 안에서 지어진 것은 생명이고, 그 생명이 사람들의 빛입니다. 이 빛에 따라 사는 사람들, 즉 예수님처럼 아버지께 순종하며 사는 사람들은 자신을 만들어 가는 일에 한몫을 담당하게 됩니다. 이 빛은 그들 안에서 생명이 됩니다. 나름의 열등한 방식으로 그들은 예수님 안에서 처음 태어난 생명, 예수님을 통해 그들 안에서 태어난 생명으로 살아 있습니다. 그들은 순종으로 하나님과 하나가 됩니다. "누구든지 그분을 영접하는 자들에게는 하나님의 자녀가 되는 권세를 주셨다"〔요 1:12〕.

124 그리스도의 직무

아버지와 우리 사이에서 입 벌리고 있던 틈으로 그리스도께서 자신을 내던지지 않으셨다면, 우리는 아버지의 마음을 전혀 알지 못했을 테고 아들로서 그분을 사랑할 수도 없었을 것입니다. 그리스도 안에서, 그분을 통해 우리는 아들로 예정되었습니다. 우리가 단 한 번도 죄짓지 않았더라도, 그분 없이는 아들의 자리에 이를 수 없었을 것입니다. 아버지를 참으로 사랑하는 어린아이는 되었겠지만, 아버지를 이해하고 흠모하는 아들의 지위에는 전혀 미치지 못했을 것입니다.

125 새 창조는 느리게 이루어진다

세상의 구속救贖은 우선 몇 사람 안에서 시작되어야 합니다. 한 영혼의 구속도 마찬가지입니다. 우선 몇 가지 생각과 활동과 방식에서 구속이 이루어져야 합니다. 이 구속이라는 새 창조를 마치기까지는 오랜 시간이 걸립니다.

126 새 피조물

하나님의 아들들이 그 신분에 합당한 성품, 모습과 장소를 차지할 때, 하나님의 <u>외</u>아들과 더불어 아버지의 보좌에 앉을 때, 그들은 더 낮은 피조물들을 다스리는 주인이 될 것이요, 그것들에게 자유와 평화를 베푸는 자들이 될 것입니다. 그때가 되면 그동안 그들 때문에 헛된 것에 굴복하던 피조물들이 그들의 자유 안에서 자유를 발견하고 그들의 아들 됨에서 기쁨을 발견할 것입니다. 동물들은 영광스러워하며 그들을 섬길 것이고 기꺼이 찾아와 도움을 받을 것입니다. 무정한 자들은 비웃고 불의한 자들은 조롱하라 하십시오! 우리가 '아바, 아버지'라 부르짖는 대상은 참새와 황소의 하나님이십니다. 우리가 하나님의 자녀로 태어남이 지연되기 때문에 모든 피조물이 신음하며 해산의 고통을 겪고 있습니다. 그런 피조물들을 위해 하나님이 하실 일을 기대하는 소망은 아무리 커도 결코 지나칠 수 없습니다.

생명

127 비관주의

축 처진 삶을 사는 사람은 사는 게 지긋지긋하다고 생각하지만, 실제로 그가 지긋지긋하게 여기는 대상은 삶이 아니라 죽음입니다.

128 아버지의 일

하나님께는 모든 일이 가능하지만 모든 일이 쉽지는 않습니다. ……존재의 본질이신 하나님에게, 하나님이 아니면서도 하나님과 같아질 존재를 창조하는 것은 분명 어려운 일일 것입니다. 성경의 역사를 보면 그 일이 얼마나 어려운지 알 수 있습니다. 언제나 하나님을 철저히 의지해야 하는 존재를 어떻게 하나님으로부터 멀찍이 분리시킬 것인가, 그가 개별자로 존재하면서도 돌이켜 그분을 바라보고 선택하고 "내가 일어나 내 아버지께로 가리라"고 말할 수 있게 할 것인가, 이것이 문제입니다. ……이 일이 얼마나 어려울지, 하나님으로부터 그를 분리시키되 그 안에서 하나님의 뜻이 이루어질 수 있도록 영향을 끼치는 이 창조 행위가 얼마나 어려울지 헤아려 봅니다. 이 일을 위해 하나님은 상상도 못할 만큼 아득히 먼 과거, 무한히 짧은 시작점들의 영역에서 시작하셔야 하겠구나, 그저 짐작할 뿐입니다.

129 목표

그 분리의 최종 목표는 개별성이 아닙니다. 개별성은 목표를 이루는 데 필요한 도구에 불과합니다. 최종 목표는 하나 됨인데, 그것은 개별성 없이는 불가능합니다. 하나만 존재하는 곳에서는 일치도, 사랑의 기쁨도, 조화도, 존재의 선함도 없습니다. 하나 됨을 위해서는 적어도 둘은 필요합니다.

130 교착 상태

인간은 원하는 바를 얻기 어렵습니다. 가장 좋은 것을 원하지 않기 때문입니다. 하나님은 주시기가 어렵습니다. 그분은 가장 좋은 것을 주기 원하시나 인간이 그것을 받으려 하지 않기 때문입니다.

131 두 가지 최악의 이단

종교와 의義를 분리시키는 것, 이것이 최악의 이단입니다. 그다음으로 몹쓸 이단은 성부와 성자를 분리시켜 성부께서 친히 행하시지 않는 일을 성자께서 하신다고 내세우는 주장입니다.

132 그리스도인의 성장

그리스도인의 성장은 점점 더 많은 생명을 받는 일입니

다. 처음에는 영혼을 구원하려는 신중한 욕구와 그의 신앙이 거의 구별되지 않을 수도 있습니다. 그러나 마침내 그는 사랑의 영광 속에서 자신의 영혼을 잃어버리고, 그럼으로써 영혼을 구원합니다. 그의 자아는 하나님의 하얀 빛이 부서지며 이루는, 형언할 수 없는 조화를 보여주는 구름이 됩니다.

133 생명과 그림자

생명이 전부입니다. 많은 사람이 생명의 기쁨을 생명 자체와 혼동한 나머지, 그 기쁨을 갈망하다 채워지지 않는 비참한 갈증으로 초췌해집니다. 그 갈증은 유일한 샘을 가리킵니다. 그들은 생명이 아니라 자아를 사랑하는데, 자아는 생명의 그림자에 불과합니다. 그것을 생명으로 잘못 알고 존재의 중심으로 삼으면, 그것은 사람 안에서 살아 있는 죽음이 됩니다. 하나님인 줄 알고 섬기지만 악마입니다. 그들은 영원한 죽음의 벌레를 유일한 기쁨으로 오인한 채 품 안에 꼭 안습니다.

134 거짓 피난처

무엇보다도, 지쳐서 주저앉거나 절망에 빠져 현 상황에 굴복하는 것, 즉 거짓 피난처를 피합시다. 우리 안의 생명이야말로 현 상황에 불만을 품고 있습니다. 우리에겐 생명이 불만을 품게 만드는 원인이 더 필요하지는 않습니다. 불만을 품은 그 생명이 더 필요합니다.

135 어리석은 생각

영웅 노릇을 하겠다는 어리석은 생각은 갖지 맙시다. 아직 정직할 줄도 모르는 우리 같은 피조물들이 영웅과 무슨 상관이 있다는 말입니까?

136 메마른 영혼

참된 사람은 자신의 것이 아닌 힘, 느껴지지도 않고 때로는 원하지도 않는 힘을 신뢰합니다.

137 인내

사람을 멍하게 만들고 기력을 빼앗고 인식을 왜곡하는 온갖 꿈을 꾸면서도 시퍼렇게 깨어 있는 현실을 믿는 것. 우리의 존재 자체가 하나님 없는 잠을 갈망하는 듯 보여도 깨어나겠다는 의지를 갖는 것. 이것들은 고지대로 올라가는 사다리의 부서진 발판들입니다. 고지대에서는 잠이 힘의 한 형태이고, 힘은 기쁨의, 기쁨은 사랑의 한 형태입니다.

138 더 하등한 형태들

아무리 하등한 형태의 생명도 사고하고 행복을 누리는
방향으로 가고 있다고, 말하자면 하나님과 분리되는 과
정에 있다고 저는 믿습니다. 이것이 바로 살아 있는 영혼
이 창조되는 과정입니다.

139 생명

영생이 없는 자는 영생을 믿을 수 없습니다. 하나님의 모
든 새들이 빈 무덤 위에서 즐겁게 노래한다 한들, 죽음
이 어떻게 생명을 믿겠습니까?

140 영원한 원

순종은 영원한 원의 고리들을 잇는 일입니다. 순종은 창
조 의지의 다른 면일 뿐입니다. 창조 의지는 하나님의 의
지요, 순종은 인간의 의지입니다. 둘이 하나를 이룹니다.
근본 생명이신 하나님은 수천 가지 골칫거리가 생길 줄
알면서도 다른 생명들을 창조하셨고 지금도 계속 창조
하십니다. 자존하지 못해도 뜻을 다해 순종함으로써 그

생명들이 하나님이 스스로 정하신 본질적인 존재의 환희에 참여하기 원하시기 때문입니다. 하나님의 뜻을 행하면 영원한 생명이 우리의 것이 됩니다. 이 말은 그저 존재가 죽 이어진다는 뜻이 아닙니다. 그것 자체는 아무런 가치가 없습니다. 본질적 생명과 하나 된 존재가 된다는 말입니다.

141 위대한 하나의 생명

무한하신 하나님, 위대한 하나의 생명. 그분 외의 다른 생명은 없습니다. 그저 그분의 그림자, 멋진 그림자들에 불과합니다.

하나님을 경외함

142 지혜의 시작

인간이 거의 아는 바 없는, 하나님이라 부르는 존재에 대해 느끼는 첫 번째 감정은 당연히 두려움입니다. 두려움이 있어야 할 자리에 있으면서 지속적으로 불안을 일으키고 사랑보다 못한 것에 의해 쫓겨나지 않고 남아 있다면, 그것은 좋은 일입니다. …… 하나님을 지향하는 진리, 즉 사랑이 두려움을 쫓아내기 전까지 두려움은 남아

있는 것이 좋습니다. 빈약하긴 해도, 두려움은 피조물과
창조주 사이의 결속입니다. 깨어져야 할 이 결속을 깰 수
있는 것은 그보다 무한히 더 친밀한 결속뿐입니다. 참으
로 하나님은 그분에게서 멀리 떨어진 자들에게 무서운
분임이 분명합니다. 그들이 우려하는 대로 그분은, 그들
이 원하지 않고 원할 수도 없는 참으로 견디기 힘든 일을
그들에게 하실 것이고, 지금도 하고 계시기 때문입니다.

143 '우리 시대의 평화'

그들이 그 같은 존재로 머무는 한, 그분을 두려워할 수
밖에 없습니다. 그들은 그분을 두려워해야 마땅합니다.
그것이 잘하는 일입니다. ……정화시키는 불을 겸비한
그분의 사랑, 아무리 세월이 흘러도 저절로 깨달을 수 없
는 그 사랑을 알게 되면 그들이 두려움에서 벗어날 수
있습니다. 그 외의 방법으로 그들의 마음에서 그 두려움
을 제거하는 것은 그들을 악의 세력에 완전히 넘겨주는
꼴입니다. 여전히 자신의 의지와 사랑에 빠져 있고 격렬
한 충동의 지시에 일일이 따르는 노예 같은 그들에게 두
려움은 천한 것이고 하나님에 대한 모욕이며 결코 하나
님의 뜻이 아니라고 말하면, 과연 어떤 결과가 나올까
요? 하나님을 버려진 우상과 미신, 거짓으로 취급하고,
그들을 오랫동안 신음하게 만든 악한 영향력으로 여기며

쫓아내고 침 뱉고 모욕하지 않겠습니까?

144 하나님의 불

하나님의 본질이요, 그분의 사랑이자 창조력인 하나님의 불은 지상의 불과 달리 떨어져 있어야만 태웁니다. 그분에게서 멀어질수록 그 불은 더 지독히 타오릅니다.

145 안전한 장소

하나님 아버지의 자녀가 그분 앞에서 두려워하고, 그분 생각이 불편하고 심지어 무섭기까지 하다면, 그는 서둘러야 합니다. 옷을 걸친답시고 시간 끌 것도 없이 아이처럼 발가벗은 채로 그냥 달려가야 합니다. 자신의 악함과 하나님의 무시무시함을 피해 아버지의 품에 있는 구원으로, 안전한 피난처로 들어가야 합니다.

146 하나님과 죽음

하나님이 아닌 것은 모두 죽음입니다.

147 두려움

우주의 핵심에 놓인 불, 처음이자 나중이신 살아 계신 분과 마음과 마음으로 만날 때까지 우리의 두려움은 끝이 없어야 합니다.

욥의 목소리

148 거짓 욕구

그들의 구원이신 하나님 자체보다 하나님이 주시는 구원을 받고자 하는 자들.

149 인간의 권리

오만과 무지에 사로잡힌 닳고 닳은 영혼이 자신에겐 하나님에게 맞설 권리가 있고 육신의 뜻에 따라 하나님에게 이것저것 요구할 수 있다고 생각하는 일이 없도록, 그가 가진 가상의 권리를 소개해 보겠습니다. ……그는 회개를 피할 수 없는 권리, 사방에서 에워싸일 권리, 위대한 목자의 명령을 받아 추격에 나선 억센 이빨의 힘센 양치기 개들에게 쫓겨 다닐 권리, 모든 욕구가 좌절될 권리, 모든 계획이 수포로 돌아갈 권리, 모든 희망이 꺾일 권리가 있습니다. 그리하여 결국 살아 계신 하나님의 임재를 받아들이는 것 외에는 어떤 것도 그의 고통을 가볍게 만들 수 없고, 어떤 것도 인생을 살 만한 가치가 있는 것으로 만들지 못한다는 것을 깨달을 권리가 있습니다.

150 자연

자연의 외양에는 그것과 우리, 하나님을 이어 주는 자연의 더 깊은 의미가 담겨 있습니다. 자연의 외양은 그 안에서, 혹 그것에 대해 이루어지는 어떤 과학적 발견보다도 깊은 자연의 진리입니다. 하나님은 사물의 겉모습에 <u>가장</u> 관심을 가지십니다. 그것은 훨씬 더 깊은 것들을 보여 주는 얼굴이기 때문입니다. ……우리는 분석이 아니라 바로 그 얼굴을 통해 그것들의 가장 깊은 진실에 들어섭니다. 아이처럼 순수한 영혼에게 들려주는 말이 거기서 얻을 수 있는 가장 참된 것입니다. 앵초를 아는 것이 앵초에 대한 모든 식물학적 지식보다 귀합니다. 그리스도를 아는 것이 모든 신학과 그분의 위격에 대한 모든 말, 그분의 사역에 대한 온갖 떠버림보다 무한히 고귀합니다. 사람의 몸이 그 안에 감추어진 비밀들을 위해 존재하는 게 아니라, 그 비밀들이 몸의 외양을 위해 존재합니다. 계시는 얼굴과 형체에 거합니다. 외양이 몸의 가장 본질적인 부분입니다. 이와 마찬가지로 자연도 주로 그 얼굴, 외양, 인간의 마음과 상상력에 영향을 주는 호소

력, 인간의 필요를 쉽게 채워 주기 위해 존재합니다. 우리가 자연의 비밀들을 밝혀 내서 인간의 목적을 위해 추가로 이용하라고 자연이 존재하는 게 아닙니다.

151 변함없는 사실

어떤 대상을 무한히 분해한다 해도 그것이 정말 무엇인지 더 알 수는 없습니다. 분해하는 순간 그것은 더 이상 존재하지 않고, 그 안의 모든 의미가 사라지기 때문입니다. 천문학은 그나마 아무것도 파괴하지 않지만, 우리 머리 위의 창공이 우리를 위해 하는 일은 천문학이 기여하는 정도보다 무한히 많습니다. 잠시 생각해 보십시오. 끝없이 뻗어 있고 빛으로 반짝이는 파란 궁창이 아니라 평평하고 하얀 천장 아래서 우리가 태어나고 자랐다면, 거대함, 하나님, 무한, 열망에 대해 어떤 개념을 가지게 되었겠습니까. 과학의 노고를 평가절하해서는 안 되겠지만, 자연의 선물들에 비하면 과학의 발견은 말할 수 없을 만큼 하찮습니다. 아침부터 밤까지 우리는 의식하지도 못한 채 자연의 손에서 수많은 것을 받아 누립니다. 언젠가 우리는 자연과 접촉하여 그 손 안에 있는 비밀로 들어갈 수 있을 것입니다. 저는 그렇게 믿습니다.

152 의심

하나님의 존재를 부인하는 것은……불신보다는 그분의 선하심에 대한 의심에 아주 약간 굴복한 측면이 큽니다. 네, '굴복'이라 했습니다. 사람은 의심에 시달릴 수 있고, 의심에 의해서만 믿음이 자라기 때문입니다. 의심은 정직한 자들에게 살아 계신 분을 전하는 메신저입니다. 의심은 아직 이해할 수 없으나 이해해야 할 것들의 문을 처음으로 두드리는 행위입니다. ……의심이 있은 다음에야 더 깊은 확신이 나타날 수 있습니다. 이전에 알지 못했고 가보지 못했고 내 것으로 삼지 못한 영역을 들여다볼 때, 가장 먼저 눈에 들어오는 것이 불확실함이기 때문입니다.

153 욥

하나님을 보자 욥은 하고 싶었던 모든 말, 하나님을 볼 수만 있다면 말하리라 생각했던 모든 것을 잊어버립니다 [욥 42:1-6 참조].

154 욥기의 결말

욥은 원하던 것을 얻었습니다. 하나님의 얼굴을 보았습니다. 그리고 먼지와 재 속에서 자신을 혐오했습니다. 그는 자신의 정당함을 인정받기를 구했으나 자기 혐오를 발견했습니다. ……이 시에는 두 가지 사실이 아주 잘 드러나 있습니다. 모든 인간이 죄 때문에 주님 앞에서 영원한 형벌을 받아 마땅한 것은 아니라는 점, 최고의 인간이라도 하나님의 얼굴을 보게 되면 자신의 추함을 알게 된다는 점입니다. 하나님은 의로우시니 죄인들을 그저 죄짓는 존재로만 대하시지는 않을 것입니다. 하지만 최고의 인간이라도 그 자신으로부터 건짐을 받지 못하면, 자아가 그를 도벳['불 타는 곳'이란 뜻, 렘 7:31]으로 밀어넣을 것입니다.

자기 부인否認

155 길
그리스도는 나가는 길이자 들어가는 길입니다. 의식적·무의식적인 노예 상태에서 벗어나 자유로 가는 길, 떠돌이 생활을 청산하고 간절히 돌아가길 바라지만 어디인지 알지 못했던 집으로 가는 길, 폭풍이 치는 아버지 옷자락에서 그분의 평화로운 품을 찾아가는 길입니다.

156 자제

의지를 사용하는 것만으로도……인간의 천한 본성을
다스리는 데 보탬이 될 수 있다는 점, 저도 인정합니다.
그러나 그 본성을 다스리는 주체는 하나님이셔야 합니
다. 아무리 의도가 좋아도 인간이 주체가 되면 안 됩니
다. 인간이 존재의 법칙에 조금이라도 저항해 자신을 다
스리게 되면, 아무리 경건한 사람이라도 자신을 이겨 냈
다는 자부심에 휩쓸려, 고삐 풀린 동물적 자아보다 훨
씬 몹쓸 악마적 자아가 힘을 얻을지 모르는 심각한 위험
이 생겨납니다. 자아에 대한 진정한 승리는 인간 혼자만
의 승리가 아니라 그 사람 안에 계신 하나님의 승리입니
다. 자아를 이기는 것만으로는 충분하지 않습니다. 그것
을 이기는 주체가 하나님이어야 합니다. 인간이 하나님
없이 어떤 일을 할 바에는 차라리 비참하게 실패하는 것
이 낫습니다. 하나님 없이 성공해 버리면 더 비참한 결
과가 따라옵니다. 인간의 일부는 그의 다른 일부를 다스
릴 수 없습니다. 그것을 만드신 이는 인간이 아니라 하나
님이며, 부분이 전체보다 위대하기 때문입니다. ……어
떤 사람들은 스스로 짐을 짊어짐으로써 병적인 만족감
을 느끼는데, 그 만족감은 본인이 의식하지 못할 뿐, 그
들이 억제하고 있다고 생각하는 자아의 가장 위험한 식
욕을 한껏 채워 줍니다.

조지 맥도널드 선집

157 자기 부인

자아가 우리에게 주어진 이유는 그것을 제물로 바치게 하려 함입니다. 자아가 우리의 소유인 이유는 우리도 그리스도처럼 뭔가 내놓을 것이 있게 하려 함입니다. 우리는 자아를 괴롭힐 게 아니라 부인해야 합니다. 반대할 것이 아니라 완전히 내버려야 합니다. 그러면 자아 때문에 괴로울 일이 없어집니다. "그게 무슨 소리요? 자아에 반대하지 말고 버리라니?" ……이런 말입니다. 우리 안에서 다스리고, 결정하고, 일을 벌이는 요소로서의 자아는 완전히 거부하고 내버리고 부인해야 합니다. 그것이 더 이상 우리 행동을 다스리게 해서는 안 됩니다. 그리고 이제 "나는 무엇을 하고 싶은가?"가 아니라 "살아 계신 하나님이 내가 무엇을 하기 원하실까?"를 생각해야 합니다.

158 죽여야 할 것들

개인적인 것들을 움켜쥐고 추구하고 갈망하는 마음이 의지로 발현되어서는 안 됩니다. 훌륭하다고 인정받고 싶은 욕구를 채우기 위해 살아서는 안 됩니다. 우리 행동의 동기가 야망이 되어서는 안 됩니다. 남을 앞서고 싶은 마음이 살아날 틈을 잠시도 허락해서는 안 됩니다.

159 자아

자아여, 내가 의견을 구하는 대상은 네가 아니라 그분이시다. 그분의 생각이 너의 정수이며, 너는 아직 그 정수에 미치지 못한다. 내가 상의할 대상은 네가 아니라 너의 근원이신 분이다. 그분으로 인해 생겨난 네가 아니라 네가 생겨나게 된 원인이신 그분 덕에 너는 매순간 존재한다. 너는 내 의식일지 몰라도 내 존재는 아니다. …… 하나님은 내 자의식보다 더 의미 있는 분이시다. 그분은 나의 생명이시다. 너는 내 생명 중에서 덜 만들어진 내 존재가 포착할 수 있는 부분, 내 생명 중에서 내가 지금 당장 알 수 있는 한계에 불과하다. 내가 너를 속이고 망치고, 진정한 나 자신처럼 대했기 때문에 너는 오히려 작아져 버렸고 나 또한 쪼그라들어 마침내 스스로를 부끄러워하기에 이르렀다. 내가 네 말에 귀를 기울인다면 곧 너를 지긋지긋하게 여기게 될 것이다. 벌써 가끔은 어딜 가나 만나게 되는 네 초라하고 비열한 얼굴에 넌더리가 난다. 아니다! 나는 네가 아니라, 완전하신 분과 함께 있겠다. 맏형, 살아 계신 분과 함께 있겠다! 내 존재의 그림자 따위를 친구로 삼지 않겠다. 잘 가라, 자아여! 나는 너를 부인한다. 매일 최선을 다해 너를 버려두고 떠날 것이다.

160 내 멍에는 쉽다

아버지의 뜻은 그분이 우리에게 메게 하시려는, 그분과 함께 지게 하시려는 멍에입니다. 예수님은 이 멍에가 '쉽다'고, 이 짐이 '가볍다'고 하십니다. "내가 네게 지우는 멍에는 쉽고, 짐은 가볍다"가 아니라 "내가 메는 멍에는 쉽고, 내 어깨의 짐은 가볍다"고 하십니다[마 11:30]. 겟세마네 동산을 앞에 두고, 암흑의 시간과 세력이 기다리는 시점에서, 그분은 자신의 멍에가 쉽고 짐은 가볍다고 선언하십니다.

161 질투해야 한다

우리는 자신에게 맞서 하나님을 위해 질투해야 합니다. 교활하고 기만적인 자아, 하나님을 알기 전까지는 늘 교활하고 기만적인 자아를 꿰뚫어보고 그것을 철저히, 온전히 부인하는 데까지 이르러야 합니다. …… 그때까지는 자아 부인이나 그리스도를 위해 나에게 소중한 것들을 버리는 일조차도, 자아의 자기 존중을 조장하고 자아 안에서 더 깊은 자기 숭배를 낳을 것입니다.

162 양다리 걸치기

자기 부인의 길에 이미 들어섰으면서도, 그리스도와 소중한 자아 사이에서 적당히 양다리를 걸치면서 반드시 버려야 할 것을 구하려고 헛되고 악한 시도를 자행하는 그리스도인들이 얼마나 많은지요. 주인께서는 그가 그것을 내버리기를 원하시건만, 그는 전혀 다른 길로 달려가고 있습니다!

163 경솔한 영혼

경솔한 영혼은 하나님 아버지의 선물들이 하늘에서 그냥 뚝 떨어진 것인 양 당연하게 받습니다. …… 그러면서도 늘 불평합니다. 자신이 도처에서 만나는 좌절에 대해서는 누군가에게 책임이 있는 것처럼 말입니다. 좋은 일에는 감사하지 않습니다. 감사할 대상이 어디 있느냐고 말합니다. 그러다가도 실망스러운 일들이 닥치면 불평합니다. 누군가 탓할 대상이 있나 봅니다!

164 내세울 게 없다

대체로 우리는 사랑하지 않을 수 없기 때문에 사랑합니다. 그 안에는 공덕이라 할 만한 게 없습니다. 그렇다면 사랑이 있어야 할 이유가 뭘까요? 사랑 안엔 내세울 만한 공덕이 없지만 이기적이지도 않습니다. 사람들 중에는 의로움과 공덕을 혼동하여 칭찬할 만한 요소가 없으면 의로운 것이 아니라고 생각하는 이가 많습니다. 그들은 이렇게 말합니다. "사랑하면 행복해진다구요? 그럼 공덕은 어디에 있습니까? 그것은 이기적인 행위일 뿐이에요." 나는 이렇게 대답하겠습니다. 공덕이 없는 것은 사실이지만, 우리 안에서 태어난 사랑이 우리를 이기심에서 구원해 준다고. 그리고 그것이 바로 의로움의 본질입니다. …… 남을 사랑하는 기쁨도 기쁨인 것을 보면 이기심이 전부가 아님을 알 수 있습니다. 사랑 자체를 접하고도 기뻐하지 않는 사람은 악마의 수준으로 이기적인 사람일 것입니다.

예수 안에 있는 진리

165 믿음

"그분에 대한 믿음이란 무엇입니까?"라고 당신이 묻는다면 이렇게 대답하겠습니다. 내 길, 내 목표, 내 자아를 떠나 그분의 길과 목표, 그분을 붙드는 일이라고. 인간, 돈, 여론, 성품, 대속代贖 자체를 의지하는 마음을 버리고 그분의 말씀대로 행하는 일이라고. 저는 이 순종의 무게를 감당할 만큼 튼튼한 단어를 찾을 수가 없습니다.

166 미혹된 자들

그리스도를 알고 내면에 모셔 들여 구원받는 대신 그들은 그저 자신이 신자인지, 대속을 정말 믿는지, 죄를 정말 뉘우치는지를 놓고 영혼에 병이 나도록 자기 성찰을 해대느라 점점 쇠약해져 갑니다. 이것은 두뇌가 미치는 길, 마음이 절망에 이르는 길입니다.

167 유일한 길

스스로에게 자신이 주님을 믿는지 안 믿는지 묻지 말고, 오늘 그분이 "하라" 명하셔서 한 일, 혹은 그분이 "하지 말라" 하셔서 삼간 일이 하나라도 있는지 물어보십시오. 그분이 하시는 말씀을 하나도 행하지 않으면서 '그분을 믿는다'거나 '믿고 싶다'고 말하는 것은 터무니없는 일일 뿐입니다.

그리스도 안에 있는 피조물

168 제1위와 제2위

내가 섬기는 성자는 인간이신 하나님, 성부로부터 존재와 능력을 취하시는 유일한 신인神人, 성부와 동등한 아들이시면서도 아버지의 신하이신 분입니다.

169 경고

어떤 것들을 이해할 수 없다고 해서 존재하지 않는 것처럼 취급해서는 안 됩니다.

170 창조

인간의 천재성이 낳은 최고의 성공을 가리킬 때 '창조'라는 단어를 씁니다만, 창조의 과정에 있는 인류에게 그 단어는 조롱의 의미로 들립니다.

171 알 수 없는 것

하나님의 생명이 하나님에게 무엇인지 우리는 알 수 없습니다. 그것이 우리가 알 수 있는 전부입니다. 하지만 그것도 전적인 무지는 아닙니다. 우리가 정말 제대로 그것에 접근하지 않고는, 그것의 본성상 그것을 이해할 수 없다는 점도 알 수 없기 때문입니다.

172 경고

힘이 본질의 전부인 존재 안에는 신적 속성들이 철저히 결여되어 있기 때문에 그 존재에게 올바른 예배를 드릴 수 없습니다. 이 점을 분명히 이해합시다.

173 성부와 성자

자존하는 사랑에 대한 반응은 자기를 버리는 사랑입니다. 예수님의 자기 부인은 하나님의 창조에 대응합니다. …… 예수님이 십자가에서 죽으셨을 때 그분은 본향에서 영광 가운데 기쁨으로 하시던 일을, 그분의 영토의 외딴 변방까지 내려가 사나운 날씨 속에서, 자신을 담은 육신의 고통을 느끼며 감당하신 것입니다.

174 그리스도를 본받음

예수님이 가지신 생명 외에 다른 생명은 없습니다. 그분의 제자들은 예수님처럼 온전히 아버지의 뜻에 따라 살아가야 합니다. 그때 그의 생명은 아버지의 생명과 하나가 됩니다.

175 고통과 기쁨

우리의 이 구원을 이루는 것은 고통스러운 일이고, 아래에 있는 그들에게 이 구원을 전하는 것 역시 언제나 고통스러운 일입니다. 그러나 우리 안에 두시고 우리를 향해 품으신 하나님의 뜻은 영원히 강렬한 환희로 나타납니다.

176 '만물이 그분에 의해 존속한다' (골 1:17)

우주를 결속시키는 힘은⋯⋯ 성부를 향한 성자의 헌신입니다. 그것이 우주의 생명입니다. 우주를 통일체로 만드는 힘은 하나님이 만물을 만드셨다는 사실이 아니라, 창조의 매개자 되시는 성자께서 아버지를 완전하게 사랑하시고, 아버지 안에서 영원히 만족하시고, 아버지께서 함께 계시기에 부족함이 없다는 사실입니다. 우주를 통합하는 힘은 하나님이 모든 것이 되신다는 사실이 아니라 아버지에 대한 아들의 사랑입니다. 유일성은 연합을 만들지 못합니다. 하나밖에 없는 곳에서는 하나 됨이 있을 수 없습니다. 연합이 시작되려면 둘 이상이 있어야 합니다. 그러므로 그리스도 없이는 우주도 있을 수 없습니다.

177 '그 안에 생명이 있었다' (요 1:4)

우리 안에도 생명이 있어야 합니다. 생명 자체이신 분처럼 살아야 합니다. 우리는 예수님이 사셨던 그 방식으로만 살 수 있습니다. 예수님 안에서 생명을 만든 삶의 방식은 자기 생명을 포기하는 것입니다. ⋯⋯ 그 방식으로 살기 전까지는 살아도 산 게 아닙니다. 우리 안에 생명이 만들어지지 않습니다. 모든 인간에 대한 아들 예수님의 분투와 노고와 고뇌의 목적은 그분처럼 죽게 하려는 것입니다. 그것을 목표로 삼지 않는 설교는 모두 나무로, 짚으로, 그루터기로 건축하는 일입니다.

아들을 아는 지식

178 그리스도의 말씀이 '육성 그대로_insissima verba_' 남아 있지 않은 이유

하나님은 우리에게 그분의 말씀을 육성 그대로 남겨 주지 않으셨습니다. 그것은 그분의 자녀들이 말 숭배, 거짓 논리, 진리의 변조에 빠지는 경향이 있기 때문이기도 하지만, 그들이 말에 억압당하기를 원하시지 않았기 때문입니다. 말은 인간의 것이기에 역량에 제한이 있어서 주님의 의도를 완전하게 담아 내거나 표현할 수 없고, 주님 말씀의 취지가 이해되기 위해서는 제자의 정신에서 처리〔기억과 회상과 숙고의〕과정을 거쳐야 함을 아셨던 것입니다. 문자는 생명을 줄 수 없으니, 그것에 죽이는 권세를 부여해서는 안 됨을 아셨던 것입니다.

179 경고

"어떤 것이 참이라는 사실을 어떻게 알 수 있을까요?"
당신이 아는 참된 것을 <u>행함으로</u>, 참된 것임을 깨닫기 전에는 어떤 것도 참되다고 부르지 않음으로 알 수 있습니다. 진리가 입을 열기 전까지 당신이 입을 닫고 있음으로 알 수 있습니다. 입을 다물어야 할 상황입니까? 그렇다면 말이 오히려 화를 부를 것입니다.

180 시원찮은 종교예술
주님이 팔레스타인에 오셨던 것처럼 오늘날 잉글랜드에 나타나신다면, 여러 그림에 나오는 것처럼 후광이 있거나, 여성적 아름다움과 부드러운 나약함을 창백하게 뿜어 내며 오시지 않을 겁니다. 화가들은 주님을 그런 모습으로 그려 내는 무력한 관습에 빠져 있습니다.

주님의 거울

181 서신서 읽는 법
불확실성은 늘 지적인 영역에 머물 뿐 실제적인 영역에선 볼 수 없습니다. 바울이 말하는 내용을 이해한 다음에야 순종하려는 자들에게는 분명하지 않겠지만, 진실한 마음에는 충분히 분명하게 다가갑니다.

182 그리스도의 들어오심

우리가 그분의 이미지를 영혼의 거울로 받을 때 그분도 우리 안에 함께 들어오십니다. 우리의 생각은 그분의 생각과 분리되지 않습니다. 주님의 이미지를 받아들이는 열린 생각은 그분이 들어오시는 문입니다. 우리 마음이 그분을 향할 때, 그분을 향해 문이 열리고, 우리 안의 거울이 들려 그분을 비춥니다. 그러면 그분이 들어오십니다. 이것은 우리의 생각과 개념 속에서만 이루어지는 일이 아닙니다. 주님은 친히 자의로 들어오십니다. 그분이 오실 수 있는 방식으로 오십니다. 그것은 우리가 감당할 수 없었던 방식입니다.

183 변함없는 사실

그렇게 해서 주님은…… 우리 영혼의 영혼이 되시고, 창조 세계에서 늘 하시는 일을 우리 영혼 안에서 행하십니다. 우리 영이 몸에 영향을 미치고 형태를 부여하듯, 그분의 영혼이 우리 영혼에 영향을 미치고 형태를 부여합니다. 과거에도 현재도 우리 영혼에 의지를 행사하는 더 깊은 영혼, 즉 무한한 생명은 우리가 '나'라고 부르는 자아에 들어오긴 하지만, 그분의 힘에 직접 기대어 살고 그분의 특성과 본성을 가지고 있으니 우리의 것이라 할 수 없습니다. 그것은 분명 그분의 것입니다. …… 그렇게 해서 마침내 우리의 존재가 영광으로 빛을 발하게 됩니다. 우리는 빛을 환하게 발산하는 태양을 똑바로 쳐다보며 우리 자신이 무한한 생명, 바로 아버지의 생명으로 살아 있음을 알게 됩니다. 또 우리가 달빛처럼 파리한 자의식을 지닌 존재가 아니라, 근원이신 분과 하나 됨으로써 의롭다 함을 받은, 해처럼 밝은 생명의 존재임을 알게 됩니다. 생명의 근원인 태양과 더불어 생각하고 느끼는 존재임을 깨닫는 것이지요. 그분으로부터 우리의 존재가 떨어져 나온 것은, 자신을 알고 깊이 생각하고 그분에게로 되돌아와 기쁨과 조화를 누리며 그분 주위를 영원히 맴돌게 하기 위함입니다.

진리

184 자연의 여러 용도

물질의 단단함 없이 변하지 않는 것, 불변하는 것에 대한 개념을 가질 수 있을까요? …… 눈에 보이는 구球이지만 형체 없이 무한한 저 하늘, 머리 위의 궁창 없이 하나님에 대해 상상할 수 있을까요? 하늘 없이 하나님에 대한 어떤 개념을 가질 수 있겠습니까?

185 자연과학

인간의 과학은 태피스트리[여러 가지 색실로 그림을 짜 넣은 직물]처럼 엮여 있는 하나님의 과학을 거꾸로 풀어 내는 작업일 뿐입니다. 그런데 그분에게 등을 돌린 채 일하고, 그분—그분의 의도, 즉 그분의 완벽한 작품—을 늘 밀어 내고 그분의 작품이 그분을 계시해 주는 지점에서 자꾸만 자꾸만 멀어지고 있습니다.

186 분석의 가치

분석은 좋습니다. 그렇게 말하자면 죽음도 좋습니다.

187 자연

꽃의 진실은 꽃에 대한 정보(과학의 이상적인 눈으로 볼 때 옳은 정보라 해도)가 아니라 줄기 위에 가만히 자리 잡고 앉아 환하게 빛나는 기분 좋은 것, 보고 있으면 미소나 눈물이 나오는 그것입니다. …… 하나님이 생각하신 것은 꽃의 식물학이 아니라 바로 꽃입니다. 식물학은 여러 방법과 수단에 해당할 뿐입니다. 화가의 뇌 속에 있는 그림과 관련하여 보자면 캔버스와 물감과 붓 같은 것이죠.

결합된 산소와 수소가 하나님이 생각하시는 물일까요?
그저 인간이 분리해서 알아 내라는 뜻으로 그 둘을 결합
해 놓으셨을까요? 하나님은 그분의 자녀들이 장난감들
을 조각조각 분해하는 걸 허용하십니다. 하지만 그것들
의 원래 용도가 사람이 조각조각 해체하는 것일까요? 인
간은 그런 목적으로 장난감들을 만들어 주는 시원찮은
아버지를 둔, 별 볼일 없는 아이가 아닙니다! 학교 시험
감독관은 분해가 장난감의 최고 용도라 볼지 몰라도, 아
버지의 생각은 다릅니다! 두 기체가 만났을 때 그것들이
합쳐져 멋진 물을 구성할 수 있는 상태로 만드는 것이
무엇인지 알아봐 주십시오. 그것은 우리에게 물 이상의
것, 즉 산소와 수소를 만드신 하나님에 대한 계시가 될
것입니다. 산소에는 물이 없고, 수소에도 물이 없습니다.
물은 살아 계신 하나님의 상상력에서 보글거리며 생겨나
크고 흰 보좌, 빙하 아래에서 쏟아져 나옵니다. 그것을
생각하면 어떤 형이상학자도 분석할 수 없는 원초적 기
쁨에 숨이 막힙니다. 물은 춤추고 노래하고, 갈증을 풀
어 줍니다(사마리아 여인이 예수님께 청했던 생수[요 4:15]의 상
징이자 그림이지요). 멋들어진 물을 보는 것만으로도 사람
의 몸 구석구석에 기쁨이 전해집니다. 사정이 허락했다
면 깨끗한 물을 내 방에, 탁자 옆으로 졸졸 흐르게 했을
것입니다. 물 자체가 물의 진리이고 그 안에 하나님의 진

리가 있습니다. 창조주의 진리를 알고자 하는 자는 갈증
으로 목이 탈 때까지 기다렸다가 길가 시내로 달려가 물
을 마셔 보십시오. 그리고 바로 그 순간에 산소와 수소
의 창조자가 아니라, 갈증과 물의 발명자이자 중재자이
신 분을 바라보십시오. 그러면 우리 영혼이 하나님 안에
서 발견하게 될 것을 조금이나마 엿보게 될 것입니다.

189 사물의 진리
그렇다면 한 사물의 진리는 그것이 피워 내는 꽃, 그것이
만들어진 목적, 기분 좋게 얹어 탑을 완성하는 마지막
돌입니다. 인간의 상상력에 있는 진리는 사물의 이런 진
리를 파악하는 능력입니다.

190 조언
그러나 가장 작고 사소한 의무를 행하면 더없이 높은 수
준으로 올라갈 것입니다.

191 의무
이 관계들은 인간의 본성에 속한 사실들입니다. …… 그
는 이 관계들을 사랑하기보다 먼저 이해하도록 만들어져

있습니다. 이해하게 되면 이 관계들이 참된 것이라는 이유만으로 선택할 기회가 생긴다는 이점이 있습니다. 그런 선택은 이 관계들을 사랑하겠다는 선택이 되고, 사랑하는 과정에서 사랑할 힘을 얻게 됩니다. 사랑할 힘이 있을 때 비로소 이 관계들을 참으로 파악하게 되고 사랑하는 것도 가능해집니다. 그러면 이 관계들은 이제 의무의 형태가 아닌 절대적 진리, 본질적 실재, 영원한 기쁨으로 등장합니다. 의무를 선택하는 이가 참된 사람입니다. 그리고 마침내 의무를 생각하지 않고, 의무라는 이름마저 잊은 채 의무를 행하게 되는 사람이 완전한 사람입니다.

192 자유의지가 허락된 이유

순전히 충동 때문에 진리를 택한 사람은 거룩한 동물이지 참사람은 아닐 것입니다. 관계들, 진리들, 의무들은 그보다 훨씬 수준 높은 사람에게 요구됩니다. 그가 그것들을 <u>선택하고</u> 하나님의 자녀가 되어 그분처럼 의를 택하게 하기 위함입니다. 그렇게 해서 슬픔과 승리가 공존하는 인간 드라마와 장래의 영광이 펼쳐집니다.

193 영원한 죽음

이런 관계들 안에서 제 역할을 다하지 않는 사람은 자신이 존재할 권리를 망치고, 자신의 존재 이유를 없애고, 스스로를 괴물로 만들게 됩니다. 그가 살 수 없는 생생한 이유입니다.

194 우리 본성의 구속救贖

사람이 자기 안에서 저항을 느낀다면 조화로운 상태가 아닌 것입니다. 본인이 그 상태를 싫어한다 해도, 그 안에는 진짜 자신처럼 보이고 때로 '옛 아담' 또는 '육신', '악한 자아'라 부르는 것이 존재합니다. 종종 그는 그것을 자신 안에서 하나님이 안 계신 부분으로 파악하는데, 그때 그 사람은 진리의 영역에 있는 것이며, 자신의 참모습을 찾아가기 시작한다고 말할 수 있습니다. 얼마 안 가 그는 자기 안에서 다투는 상대가 없어졌음을 깨닫게 될 것입니다. 하나님이 그 자리에 임하신 것입니다. 그래서 그의 옛 아담이 참된 상태, 마땅한 상태, 전체와 올바른 관계에 있게 된 것입니다. 그것을 옛 아담이 아니라 말이나 개, 호랑이의 조상이라 부르기도 합니다. 뭐라 부르건 간에, 이제 그것은 제 역할을 신실하게 감당할 것이고 아무것도 방해하지 않고 더 높은 권위의 다스림에 전적으로 순복할 것입니다. 말이나 개, 호랑이라면 착한 말, 착한 개, 착한 호랑이라 할 수 있을 것입니다.

조지 맥도널드 선집

195 신비가 아니다

인간은 자신을 설명할 수 있는 능력 앞에 머리를 숙입니다. 인간에겐 인간의 존재가 신비이지만 그 능력에게 인간은 신비가 아닙니다.

196 살아 있는 진리

인간이 전 존재로 진리를 사랑하고 바랄 때, 그는 살아 있는 진리가 됩니다. 그러나 그 진리는 그가 자기 안에서 생성해 낸 것이 아닙니다. 그는 진리를 보고 추구했지만 그것을 만들어 낸 것은 아닙니다. 모든 관계 안의 모든 진리를 아우르는 더 근원적이고 생생하고 눈에 보이는 진리는 예수 그리스도입니다. 그분은 참됩니다. 살아 있는 진리입니다.

197 그리스도를 닮음

꽃의 완전한 의미가 꽃의 진리이듯……그리스도를 닮은 것이 인간의 진리입니다. 그리스도는 인간성의 꽃이시니, 모든 인간의 꽃은 그 안에서 완전해지신 그리스도입니다.

198 은혜와 자유

그분은 우리에게 뜻을 세울 의지를 주시고 그것을 사용할 힘과 그 힘을 보완할 도움을 주십니다. ……그러나 우리 자신이 진리를 바라야 하며 주님은 바로 그것을 기다리고 계십니다. ……그분이 하시는 일이지만 우리는 자의로 제 몫을 감당해야 합니다. 우리 안에 꽃이 만발할 때, 그것이 우리의 것일수록 더욱 주님의 것이 됩니다.

199 영광스러운 자유

사람이 참될 때는, 지옥에 있다 해도 비참할 수 없습니다. 그는 자신의 근원이신 분과 올바른 관계에 있기에 자신과도 올바른 관계에 있습니다. 하나님과 올바른 관계에 있다는 것은 우주와 올바른 관계에 있다는 의미입니다. 즉 전능하신 아버지요 기쁨을 품는 분, 웃음의 주인이신 분의 능력과 사랑과 뜻과 하나가 되었다는 말입니다. 모든 것을 사랑하시되 이기심만은 미워하시는 그분의 능력과 사랑과 뜻이 온전한 영광이요 소망입니다.

자유

200 중간 지대는 없다

아버지와 절대적으로 조화된 상태와 노예의 상태, 이 둘 사이에는 절대 중간 지대가 없습니다. 복종하거나 반역하거나, 둘 중 하나입니다. 그러나 반역하는 경우, 그 반역조차도 그들 안에 있는 아버지의 힘으로 이루어집니다.

201 자기 뜻대로 하기

피조물을 자유롭게 해주기 원하시는 하나님의 뜻에 맞서 피조물의 노예 상태에 머무는 자들이 있습니다. 그는 제가지를 자기 것으로 여기고 사랑할 작정으로 뿌리로부터 잘라내려 듭니다. 그는 자신의 의식을 기뻐하지만 그 의식의 원천은 거부합니다. 위태로운 담과도 같은 자기 존재 위에서 몸의 중심을 잡으려 하지만 존재의 기반이 되는 반석은 거부합니다. 그런 사람은 자신에 대한 자기 지배, 작은 것이 큰 것을 다스리는 상태를 우주까지 뻗은 하나님의 존재보다 무한히 큰 자유로 여깁니다. 만약 그가 "적어도 나는 내 뜻대로 한다!"고 말한다면, 저는 그가 '무엇이 내 뜻대로'이고 '무엇이 내 뜻대로가 아닌지' 모른다고 응답하겠습니다. 그는 자신의 충동, 욕구, 경향, 기호 등이 어디에서 나오는지 전혀 모릅니다. 그것들은 신경질환 같은 우연의 산물일 수도 있습니다. 때로는 육체 없이 떠도는 악마가 내지른 포효의 결과물일 수도 있습니다. 그의 마음속에 있는 유치한 증오의 산물일 수도 있고, 그가 알면 부끄러워할 어느 조상의 불법적인 탐욕이 원인일 수도 있습니다. 아니면, 천상에서 연주하는 교향악의 화음이 멀리까지 퍼져 나온 결과일 수도 있습니다. 그중 어느 것이건 그의 의식에 떠오르는 순간, 그는 그것을 자기 뜻이라 부르고 자랑스럽게 여깁니다.

202 그리스도의 죽음

그리스도는 우리를 고통이 아니라 죽음에서 구원하려고 죽으셨습니다. 불의에서는 물론 정의에서도 그의 구원은 임하지 않으며, 불의한 상태에서 구원하려 하심입니다. 그분이 죽으신 것은 우리가 살게 하려 하심입니다. 그분이 그분 자신에 대해 죽으신 것처럼 우리도 그렇게 죽음으로써 그분처럼 살게 하려 하심입니다.

왕 되심

203 지옥

지옥의 유일한 원리는 이것입니다. "나는 내 것이다!"

204 거짓

지옥의 원리나 이 세상의 모든 원리, 둘은 동일합니다. 그
것에 따라 행동한다면, 적극적으로 주장하건 소극적으로
고수하는 정도에서 그치건 중요하지 않습니다. 그것에 비
추어 생각하면 주님, 왕의 말씀은 노골적인 거짓말입니다.

205 작가의 두려움

내가 실수해도 그분은 나를 용서하실 것입니다. 나는 그
분을 두려워하지 않습니다. 그러나 이런 것들을 깨닫고
글로 쓰면서도 증인이 되지 못하고 나 자신은 결국 버림
받을까 봐 두렵습니다. 왕이 아니라 말쟁이가 되고, 죽는
순간까지 예수님과 동행하는 그분의 제자가 아니라 진리
에 대해 논쟁만 벌이는 자가 될까 봐 두렵습니다.

206 신실함

우리 생각을 다 말할 의무는 없지만, 다른 생각을 하는
것처럼 가장하지 않을 의무는 있습니다.

정의

207 우선 첫째로
하나님께 순종하기에 앞서 하나님을 설명하려 하는 마음의 어리석음이여! '주님, 제가 무엇을 하기 원하시나이까?'라고 부르짖지 않고 하나님의 속성을 정리하려 하는 정신의 어리석음이여!

208 굽힐 줄 모르는 사랑
상대가 독재자라면 아첨을 하거나 뇌물을 주거나 말을 잘해서 어떻게 빠져나갈 수 있을지도 모릅니다. 그러나 하나님의 사랑 앞에서는 빠져나갈 여지가 없습니다. 그 사랑은 참사랑이기에 마지막 한 푼까지 요구할 것입니다. "그런 사랑, 마음에 안 들어!" 그렇겠지요. 어떻게 마음에 들 수 있겠습니까? 저는 그 말을 믿습니다.

209 구원
예수님이 이루신 구원이 우리를 우리 죄의 결과로부터 구원하는 것이라는 개념은 거짓되고 초라하고 저열한 생각입니다. …… 예수님은 우리를 형벌에서 구하기 위해 죽으신 것이 아닙니다. 그분이 예수라 불린 이유는 자기 백성을 그들의 죄에서 구원해야 하기 때문이었습니다.

210 사랑과 정통 신앙

주님에게 순종하려 애쓰는 사람은 모두 내 형제입니다. 그가 나를 형제로 여기지 않더라도 나는 그를 존경합니다. 그러나 내 형제가 믿는 내용이라 해서 거짓임이 분명한 것을 조금이라도 봐줄 수 있겠습니까? 거짓은 누가 주장하건 하나님에게서 나온 것이 아닙니다.

211 회피

예수님에 대한 신빙성 있는 이론을 발견하기 전까지 그분에게 순종하기를 미루는 것은, 다양한 치료법을 제시하는 학파들의 주장을 연구하느라 반드시 마셔야 할 약을 한쪽에 제쳐 두는 일과 같습니다.

212 굽힐 줄 모르는 사랑

하나님의 자비는 너무나 크기에 그분에게서 멀찍이 떨어져 있는 자녀들을, 소멸시키는 불 가운데 두실 것입니다. 그들이 마지막 한 푼까지 값을 치르고, 이기심의 지갑을 그 안에 든 불순물까지 몽땅 버리고 아버지와 아들과 많은 형제들이 있는 집으로 달려올 때까지. 그리고 바깥의 것은 태우며 생명을 주는 불 안으로 뛰어들 때까지.

213 성령
순종하는 자, 그리하여 마음의 문을 열어 영원한 선물을 받는 자에게 하나님은 그 아들의 영, 자신의 영을 주셔서 그 안에 있게 하시고 모든 진리를 깨닫도록 인도하십니다. …… 따라서 참제자는 자신이 해야 할 일을 언제나 압니다. 그렇지만 다른 사람이 해야 할 일까지 꼭 아는 것은 아닙니다.

214 죄의식
죄의식은 영감은 아니지만 성전 문에서 그리 멀지 않은 곳에 있습니다. 하늘의 진리를 보여 주지는 못해도 집이 더럽다는 사실에는 참으로 눈을 뜨게 해줍니다.

215 저속한 신학들
그들은 영의 아버지를 교도소장쯤으로 여깁니다! '기뻐

하시는 창조주' 개념을 포기하고 그 자리에…… 의義와 영원한 순결함에는 관심 없고 자신의 권리만 챙기며, 매력적인 소유물에 연연해하는 비참하고 청교도적이고 엄격한 군인 같은 하나님을 집어넣습니다. 그리고 그 하나님의 선지자들은 지상에서 모든 광채, 모든 소망, 모든 색깔, 모든 가치, 모든 생기를 빼앗고 그 대신 '영원한 기쁨'이라 부르는, 창백하고 눈물 없는 지옥을 내놓습니다. …… 그러나 당신이 맘몬을 섬기는 영혼 안에 갇혀 있다면, 그 감방이 감당할 수 없을 만큼 크신 하나님을 어떻게 믿겠습니까?

빛

216 하나님을 잘못 믿음에 대하여

당신이 보기엔 어둠에 속한 것인데 다른 사람이 빛이라 말한다 해서 지레 겁을 먹고 그 말을 빛으로 받지 않도록 하십시오. 그것이 보기와 다르다고 말하거나, 하나님은 그런 말을 하시거나 그렇게 행하신 적이 없다고 말하십시오. 온갖 악에 대해, 하나님이 하신 일로 잘못 해석해 놓고 하나님이 하신 일이니 옳은 것이 분명하다고 말하는 것은 악마나 할 짓입니다. 어떤 것이건 당신의 눈에 어둠으로 보인다면 믿으려 애쓰지 마십시오. 그렇게 해

서 참된 것을 알아보지 못하고 거부하게 된다 해도, 어둠
으로밖에 볼 수 없는 것을 그리스도의 것으로 받아들이
는 잘못보다 크지는 않을 것입니다. …… 그러나 말을 많
이 하지 마십시오. 그렇지 않으면 나중에 마음을 다해
회개하게 될 말을 하게 될 것입니다.

217 정죄

사람은 그가 저지른 일 때문에 정죄받지 않습니다. 잘
못을 계속하기 때문에 정죄를 받습니다. 어둠에서 나오
지 않기 때문에, 빛으로 오지 않기 때문에 정죄를 받습
니다.

218 핑계

사람이 핑계를 대기 시작하는 순간, 아니라고 핑계대고
있는 바로 그 일을 하고 있을 것입니다.

219 불가능함

"주님, 저를 용서해 주셔서 감사합니다. 하지만 저는 어
둠 속에 머무는 것이 좋습니다. 그것도 용서해 주세요."
"아닙니다. 그렇게는 안 됩니다. 용서받을 수 없는 한 가

지 일이 바로 악을 선택하는 죄, 구원을 거부하는 죄입니다. 그것을 용서하기란 불가능합니다. 그렇게 되면 그 죄에 참여하게 되니까요."

예수님이 불쾌하게 여기시는 일

220 불순종

교회나 기독교를 위해 무엇이라도 할 수 있을 것처럼 보이지만 정작 주님이 관심을 갖는 한 가지 일, 그분의 말씀대로 행하는 것만은 못하는 사람들이 너무나 많지 않습니까? 그분은 그들을 그들 자신으로부터 건져 내어 자기 형제로 삼으시고 하나님의 아들들이 누리는 자유를 허락하시고자 하건만, 그들은 그분을 떠나 자기들의 교회를 자랑합니다.

221 동일함

불순종이 나쁠 게 없다는 말은, 때로는 "아니요"가 "예"이고 빛이 어둠이 될 수 있다는 말과 같을 것입니다.

222 기억의 하나님

하나님이 아무리 가까이 계셔도 우리가 친구들의 존재를 잊거나 바라지 않게 되는 일은 없습니다. 그럴 리가 없습니다! 하나님의 사랑은 모든 사랑을 완전하게 합니다. 그분은 망각의 하나님이 아니라 영원한 기억의 하나님이십니다. 그분에게 과거란 없습니다.

223 사별

"아, 당신은 내가 뭘 잃었는지 몰라요!" "그것은 참으로 큽니다! 하나님까지도 잃어버린 것 같습니다! 그러나 하나님이 죽음에 대해 아시는 바를 알게 되면 당신은 축 처진 손을 들어 손뼉을 칠 것입니다. 그러니 내가 당신을 헛되이 위로할 이유가 없습니다. 당신이 비참하게 된 것은 잠에서 깨어나 하나님의 필요성을 알게 하려는 것이 분명합니다. 당신이 그분을 찾지 못하면, 지금 애도하는 그 사람과 영원히 사는 것이 견딜 수 없는 일이 되고 그 상태가 끝없이 이어질 것입니다. 당신의 마음이 가르쳐 줄 진리는 지식이 아니라 고통을 통해 찾아옵니다. 그때가 되면 당신은 느끼게 될 것입니다. 믿음으로 말미암아 하나님께 받는 의 없이는 존재 자체가 악의 절정임을."

의義

224 아브라함의 믿음

사도 바울은 하나님이 무엇인가를 아브라함에게 의로 여기셨다고 말합니다. 다른 번역본에는 "인정하여 주셨다"고 나와 있습니다. 하나님은 무엇을 아브라함에게 의로 여겨 주셨을까요? 다른 사람의 의입니까? 결코 그렇지 않습니다! 그 자신의 믿음이었습니다. 하나님은 아브라함의 믿음을 그의 의로 여겨 주셨습니다[갈 3:6].

225 변함없는 사실

모세가 태어나기 전에 하나님에 대한 믿음이 의로 여겨졌다고 바울은 말합니다[롬 4:3]. 아브라함은 여러 면에서 불의했고, 결코 의로운 사람이 아니었다고 지적할 수 있습니다. 맞습니다. 그는 어떤 철저한 의미에서도 의로운 사람이 아니었습니다. 그의 의는 바울을 결코 만족시키지 못했을 것이고, 아브라함도 분명 자신의 의에 만족하지 못했을 것입니다. 그러나 그럼에도 불구하고 그의 믿음은 의였습니다.

226 의무의 인식

이것이 사람이 가장 먼저 느끼는 의무감은 아니지 않느냐고 할 수 있습니다. 옳습니다. 그러나 가장 중요한 것이 가장 먼저 인식되지는 않습니다. 으뜸가는 의무는 너무 높고 깊어서 의식에 제일 먼저 떠오를 수 없습니다. 완전하게 태어나는 사람이 있다면…… 그의 의식에는 최고의 의무가 가장 먼저 떠오를 것입니다. 그러나 불완전하게 태어나는 우리는 여러 많은 의무를 행한 끝에, 적어도 그렇게 행하려고 정직하게 노력한 끝에 마침내 하나님에 대한 의무가 가장 깊고 높은 첫째가는 의무이며, 그것이 다른 모든 의무를 포함하고 요구한다는 사실을 깨닫게 될 것입니다.

227 믿음의 의무

하나님을 믿지 않는 사람의 눈에는 하나님에 대한 믿음이 의로 보일 수 없습니다. 사람에 따라 다른 수준으로 나타나는 다른 모든 의의 근원 또한 그 믿음이라는 것도 알 수 없습니다.

228 변함없는 사실

하나님에 대한 믿음은 별개의 한 가지 의로운 행동과 같지 않습니다. 그것은 한 사람 전체가 악에서 선으로 돌아서는 행위입니다. 의에 반대되는 모든 것에 등을 돌리고, 멈출 수 없는 길로 들어서는 일입니다. 그 길을 가면서 그는 계속해서 더 의로워져야 하고, 의가 무엇이고 자기 안의 불의한 것이 무엇인지 발견해 가야 합니다.

229 우리의 의로 여기신 것

그는 자기 안에 있는 만큼의 생명과 가능성을 가지고 계속 의를 행하고 불의를 버리며 늘 하나님의 의를 목표로 삼아야 합니다. 하나님이 인간에게 요구하실 수 있는 것은 그 순종하는 믿음뿐이니, 사람 안에 있는 그 믿음을 의라고 부르시는 것이 더없이 옳고 정당합니다. 그러나 그것은 하나님이나 예수님, 혹은 완전해진 어느 성인의 의에 비하면 충분하지 않을 것입니다. 그분들의 의는 완전하기 때문입니다.

230 사도 바울의 믿음

그의 믿음은 하나님을 자신의 법으로 인정하는 행위였습니다. 그것은 부분적인 행위가 아니라 모든 것을 결정하는 포괄적인 행위입니다. 동료를 위해 한 번 의로운 행동을 했다고 해서 그것을 그의 의로 여길 수는 없을 것입니다. 의를 추구하지 않는 사람도 여러 가지 의로운 행동을 할 수 있습니다. 하나님은 그런 일들을 잊지 않으시지만 그것들을 그의 의로 여기지도 않으실 것입니다.

231 장성한 그리스도인

그는 자신에게서 기쁨을 얻지 않습니다. 그가 느끼는 기쁨의 출처는 자신이 아니라 타자입니다. 먼저 하나님, 그 다음으로는 이런저런 사람, 모든 사람입니다. …… 그는 자신을 모른 채 그럭저럭 지낼 수 있습니다. 하지만 자신을 알면서 하나님이 허락하신 형제자매를 용서하지 않을 수는 없습니다. …… 그의 자의식은 자신을 쳐다보고 얻은 결과물이 아니라 주위 사람들에게 비친 자신의 모습입니다. 그는 하나님이 그를 어떤 존재로 만드셨는가 생각하고 기뻐하는 것이 아니라, 하나님이 그를 만드신 모습에 충실하면서 하나님이 어떤 분이신지, 그분이 동료들을 어떻게 만드셨는지 생각하고 기뻐합니다.

232 아기들에게 계시된 내용

지혜로운 자들과 신중한 자들은 체계를 세우고 머릿속에서 정리가 되어야 "믿습니다"라고 말할 수 있습니다. 반면 아이는 보고, 믿고, 순종합니다. 그리고 하늘에 계신 아버지께서 온전하신 것처럼 자신이 온전해야 함을 압니다. 하늘에서 내려온 천사처럼 보이는 존재라도 그에게 나타나 하나님이 그를 봐주셨다고, 그렇게 많은 것을 요구하지 않으신다고, 온전하지 못한 상태에도 만족하실 거라고 말한다면, ⋯⋯그 아이는 천사의 빛나는 광채와 함께 얽혀 있는 지옥불의 깜박임을 즉시 알아챌 것입니다.

233 대답

"하지만 하나님이 어떻게 내 속에서 그것을 이끌어 내실수 있을까?" 하나님께 맡기십시오. 그러면 알게 될 것입니다.

234 쓸모없는 지식

전 존재로 배워야 할 것, 전 존재를 동원하지 않으면 이해할 수 없는 것, 전 존재로 이해하지 않는 한 이해하는 것이 아무 유익이 없는 것을 지성에다 대고 가르치는 사람, 그런 사람에게는 할 말이 없습니다. 죽은 자들로 그들의 죽은 자를 매장하게 하고, 죽은 자들로 그들의 죽은 자들을 가르치게 하십시오.

235 창조받는 기술

오래 참아 그 미덕을 온전히 이루십시오. 조각가의 끌 아래 놓인 조각상은 나무망치의 타격에 가만히 몸을 맡깁니다. 물레 위에 놓인 진흙더미여, 토기장이 하나님의 손가락이 그분의 뜻대로 그대를 빚도록 몸을 맡기십시오. 아버지의 가장 가벼운 말씀에도 순종하십시오. 당신을 아시고 당신을 위해 죽으신 맏형의 말씀을 들으십시오.

236 그분을 찾을 수 없을 때

그분이 노크를 하시면 바로 문을 열 수 있도록 빗장에 손을 얹고 있으십시오. 문을 열었는데 그분이 보이지 않거든, 노크를 안 하셨다고 하지 마십시오. 다만 그분이 거기 계시며 당신이 나오길 원하고 계신다는 것을 아십시오. 그분을 위해 당신이 할 일이 있을 것입니다. 가서 그 일을 하십시오. 그러면 당신은 새로운 기도 제목을 갖고 돌아오게 될 것이고, 당신의 영혼에 새로운 창이 열렸음을 알게 될 것입니다.

237 기도

그분에게 말씀드릴 더 적당한 시간이나 장소가 날 때까

지 기다리지 마십시오. 교회나 골방에 들어갈 때까지 미루어 봐야 그분을 기다리게 할 뿐입니다. 걸어가며 기도해도 그분은 들으십니다.

238 비판자들에 대하여
사람들이 당신을 조롱하든 당신에 대해 거짓말을 하든, 돕는답시고 부질없이 변호하든 개의치 마십시오. 의인들마저 당신에게 등을 돌린다 해도 그리 개의치 마십시오. 다만 당신이 그들에게 등을 돌리는 일이 없게 하십시오.

최후의 폭로

239 자유의지
하나님은 인간에게 그분의 뜻을 거스를 힘을 주셨습니다. 그것은 인간이 그 힘을 사용하여, 다른 방식으로는 가능하지 않은 수준 높은 방식으로 그분의 뜻을 마침내 행하는 자리에 이르게 하려 하심입니다.

240 무익한 입에 대하여
올바른 일을 하되 남들의 무가치한 의견을 염려하지 마

십시오. 남들의 입에 무심할수록 사람 사랑하는 일의 어려움이 줄어들 것입니다.

241 우리는 빛을 사랑하는가?

당신은 진리와 옳음을 참으로 사랑합니까? 당신이 아직 모르는 당신 안의 무엇인가가 폭로되어 당신을 부끄럽게 만들고 겸허하게 만들어 진리의 영광을 드러내는 상황을 환영하거나, 기꺼이 받아들일 의향이 있습니까? …… 다른 사람들이 틀렸다고 생각했는데 결국 자신이 틀렸음을 알게 될 때, 그 사실을 기쁘게 받아들일 의향이 있습니까?

242 부끄러움

우리는 미래뿐 아니라 우리의 과거에 대해서도 흔쾌히 하나님을 신뢰할 수 있습니다. 지난 일을 감추려 들지 않는 한, 부끄러움을 느껴야 마땅한 곳에서 기꺼이 부끄러움을 느끼고 머리를 숙일 준비가 되어 있는 한, 우리의 과거는 우리를 해치지 못할 것입니다. 부끄러움을 아는 것은 거룩하고 복된 일이기 때문입니다. 부끄러움은 그럴싸해 보이고 싶어 하는 사람에게만 수치일 뿐, 본연의 모습에 충실하려는 사람에게는 그렇지 않습니다. 시험에 통과하려는 사람에게는 문제가 되지만, 사물의 본질에 도달하려는 사람에게는 아무것도 아닙니다. …… 겸손하게 부끄러워하는 것은 진리의 욕조에 몸을 담그는 일입니다.

243 각성

악인의 눈이 열려 깨끗한 사람들이 그를 보듯, 하나님이 그를 보시듯 자기 모습을 보게 된다면…… 얼마나 무시무시하겠습니까? 그 사람이 갑자기 깨어나 자신에게 집중된 우주의 눈들을 보게 된다고 상상해 보십시오. 그리고 그 눈들에 비친 자신의 모습을 보게 된다고 상상해 보십시오.

244 부자들의 각성

부와 상상의 종교가 사람들 안에서 '나는 부족함이 없다'는 생각을 불러일으켜 어떤 일을 하게 만드는지, 생각하면 끔찍합니다. …… 당대의 많은 종교적 부자들은 자신이 가난한 사람들을 대단히 친절하게 대한다고 생각했지만, 가난한 이들에 대한 그들의 행동은 그들의 실체를 적나라하게 드러내 주었습니다.

245 자기 기만

여러 해 동안 어떤 것을 관념적으로 혐오했는데, 그동안 줄곧 자신이 바로 그 일을 저질러 왔음을 깨닫게 되는 경우가 있습니다. 망토 아래 감추어 놓고 어루만지고 있으면 그것이 공개적인 장소에서 비웃음거리가 된다는 사실이 숨겨지지요. 이 글을 읽고 동의하면서도 정작 자기 품속에 안긴 새가 썩은 고기를 먹는 놈이라는 걸 모르는 사람이 많을 것입니다. 둘은 깃털이 다르기 때문입니다.

246 경고

우리는 "오 하나님, 제가 그런 사람이라면 얼마나 끔찍하겠습니까!"라고 생각합니다. 유다가 저지른 일은 너무나 끔찍합니다. 그러나 나도 똑같은 씨가 담긴 일들을 하지 않았습니까? 그 씨가 자라 사악한 모습으로 완성되었다면 자벌레처럼 실망스런 모습으로 나타났을 것입니다. 내 이웃을 내 몸과 같이 사랑하지 않는 한, 나는 언젠가 그를 배반하는 자가 될 수 있습니다. 그러므로 자비를 베풀고 겸손하며 모든 사람에 대해 희망을 품읍시다.

247 더딘 추락

너무나 느린 속도로 서서히 가라앉다 보면, 악마가 되어

버린 지 오래 지난 후에도 여전히 착실한 교인으로 남아 자신이 좋은 그리스도인이라고 생각할 수 있습니다.

248 정의와 보복

정의는 피할 수 없는 영원한 사건으로 만족스럽게 실현될 수 있지만, 복수는 영원히 만족스럽게 실현될 수 없습니다.

249 내세에 알려질 사실

그때 친구들이 우리를 알아볼 것입니다. 그것이 그들에게 기쁨이 될까요, 슬픔이 될까요? 우리의 진짜 모습을 보게 되면 그들의 마음이 쿵 하고 내려앉을까요? 아니면 생각했던 것만큼 우리의 잘못이 크지 않음을 알고 기뻐할까요?

유업

250 단테의 글에서

지상의 유업에서는 누가 한몫을 가지면 다른 상속인의 몫이 줄어듭니다. 성도들의 유업에서는 각 사람이 가지는 만큼 나머지 사람들의 소유도 늘어납니다.

251 하나님이 말씀하시는 '선함'의 의미
"그들은 선하다." 즉 "그들은 내 뜻과 일치한다."

252 만물은 하나님으로부터 나온다
만물은 하나님의 것입니다. 만물이 그분의 권세 안에 있기 때문(옳은 말입니다만)이 아니라 그분에게서 나오기 때문에 그렇습니다. 우리가 진정 하나님이 어둠을 창조하셨다고 생각하면 어둠도 하나님 주위의 빛이 됩니다. 빛없이는 어둠도 있을 수 없기 때문입니다.

253 절대적 존재
하나님이 아닌 것을 나타내는 단어, 하나님이 안 계신 곳을 가리키는 단어는 없습니다. 그런 것은 없고, 있을 수도 없기 때문입니다.

254 짐승들
하나님의 길은 망원경으로 봐야 보일 만큼 높이 오르고

현미경으로 봐야 보일 만큼 깊이 내려갑니다. …… 마음의 경우도 마찬가지입니다. 하나님의 길은 우리에게 아직 알려지지 않은 깊은 곳까지 내려갑니다. 우리는 그분이 아시는 것처럼 말과 개를 알 수 없습니다. 우리는 아직 하나님의 순전한 아들들이 아니기 때문입니다. 바울이 가르친 바와 같이 우리의 아들 됨을 통하여 이 낮은 단계의 형제자매들이 구속救贖받게 될 때, 우리는 서로를 더 잘 이해하게 될 것입니다. 그러나 지금은 생명의 주인께서 수많은 피조물들이 당하는 집요한 고통을 방관하실 수밖에 없습니다. 실족하게 하는 일이 없을 수는 없으나 실족하게 하는 그 사람에게는 화가 있습니다[마 18:7]! 주님이 관심을 갖지 않으시는 것처럼 보여도 다 보고 계시며 다 아십니다.

255 영혼들의 다양성

우리 각 사람은 다른 사람과 다른 존재이고, 다른 사람은 모르는 무엇인가를 압니다(본인이 안다는 걸 모를 수도 있습니다). 그리고…… 빛의 나라의 일원이자 상속자로서 자신의 몫을 나머지 사람들에게 나눠 주는 것이 모든 사람의 할 일입니다.

256 환멸에 빠진 사람들

진리의 껍데기만 사랑한 그들은 바로 여기서 그것을 거짓이라 부르고 다 환상이었다며 목 놓아 울게 됩니다.

257 악

하나님이 아니라 내게서 나오는 것이 악입니다. 그것은 하나님의 속성을 왜곡합니다. 무엇이건 믿음에서 나오지 않는 것은 죄입니다. 물길이 끊긴 시내입니다. 수원水源에서 스스로를 잘라 내고도 계속 흘러간다고 생각하는 개울입니다.

258 그림자의 상실

나는 내가 잃어버린 것이 내가 아니라 내 그림자일 뿐이라는 것을 배웠다. …… 교만한 사람이 넘어져 겸손해지는 것이, 계속 교만에 사로잡혀 자신이 무죄라고 착각하면서 고개를 뻣뻣이 들고 사는 것보다 낫다는 것도 배웠다. 영웅이 되고자 하는 자는 결국 사람 구실도 못할 것이지만 자신의 일을 충실히 감당하는 자는 사람으로서 긍지를 갖게 된다는 것을 배웠다.

259 사랑

인간은 사랑받음으로써가 아니라 사랑함으로써 다른 사람의 영혼에 가장 가까이 다가간다.

258~259번 글은 《판타스테스》에서 발췌.

260 봄에서 여름으로
새들이 조용해졌다. 그들이 지금껏 살아온 바history가 그들을 사로잡아 말을 그치고 행동하도록, 알을 따뜻하게 품고 벌레를 잡으러 나가도록 했기 때문이다.

261 생명으로 인도하는 문
그러나 생명으로 인도하는 문은 대체로 우리 뒤에서 열리고 거기서 손이 나와 우리를 안으로 끌어들인다. 보이지 않는 날개의 퍼덕임, 보이지 않는 장미의 향기, 미묘하게 마음을 사로잡는 '들리지 않는 선율'이 성인 남자나 소년의 주위에서 계속 어른댄다면, 그들이 취할 수 있는 현명한 대처법은 묵묵히 일하는 것뿐이다. 그중 하나라도 따라가면 그것들은 사라져 버릴 것이다. 그러나 일을 하고 있으면, 찾지 않아도 그것들이 먼저 다가올 것이다.

262 외로운 종교
열렬히 믿을수록 개종자가 줄어드는 종교가 있다. 자기 숭배다.

260~266번 글은 《앨릭 포브스》에서 발췌.

조지 맥도널드 선집

263 사랑
사랑은 모든 것을 아름답게 만든다. 증오는 증오의 대상
에만 집중하게 한다.

264 잘못된 방법
형제를 몰아내는 것은 홀로 하나님과 있을 수 있는 방법
이 아니다.

265 동화同化
모든 사악함은 개별성을 파괴하는 경향이 있고, 쇠퇴하
는 본성들은 타락하면서 서로 비슷해진다.

266 바라봄
"하지만 누군가를 찾고 계셨잖아요, 숙모."
"아니, 난 그냥 본 거였어." ……
주변 사물에서 얻는 이 막연한 느낌 때문에 사람들은 자
신이 바라는 대상의 실체를 세상의 품에서 캐내려고 계
속 애쓰게 된다. 그들이 실제로 찾는 대상이 하나님이라
는 것을 그들은 너무도 모른다!

267 진보

솔직히 말해, 나는 상당히 젊어진 느낌이다. 그때는 사람이 자기 십자가를 져야 한다는 것만 알았지만, 이제는 주님을 따라야 한다는 것도 알게 된 덕분이다.

268 섭리

사람들은 특별섭리에 대해 말한다. 나는 섭리를 믿지만 그 특별함은 믿지 않는다. ……소위 특별섭리들은 규칙의 예외가 아니라 모든 순간, 모든 사람에게 공통적으로 적용된다.

269 평범함

하나님은 스스로 합당하게 여기시는 바에 따라 가장 좋은 것을 가장 풍성하게 주신다. 그래서 평범한 것들이 세상에 가득하고, 구하는 자들에게는 성령을 주신다.

267~278번 글은 《조용한 이웃의 연대기》에서 발췌.

270 용서

하나님께 기도했다. 나를 거대한 구멍이 뚫린 반석으로 만들어 주셔서…… 부당한 일의 파도를 그 안으로 삼켜 버리게 하소서. 그 파도들을 성난 바다로 돌려보내 바다를 출렁이게 만들지 않게 하소서. 아, 이런 식으로 부당한 일을 없애 버릴 수 있다면 얼마나 좋을까. "그것은 내게 어떤 해도 끼치지 못할 테니 깨끗이 용서할 수 있어!"라고 말할 수 있다면 얼마나 좋을까. …… 그러나 큰 잘못보다 작은 잘못을 용서하기가 어렵다는 고통스러운 사실, 아니 신기한 사실이 곧 드러날 것이다. 하지만 큰 잘못을 용서하는 일은 보기보다 거짓이 많이 작용할지도 모른다. 우리는 큰 잘못을 용서하는 것이 멋진 일이라 생각하지 않는가? 그래서 가해자를 위해서가 아니라 자신을 위해 용서하지 않는가? 선하지 않은 것은 끔찍하지만, 나쁜 동기로 선한 것도 끔찍하다.

271 방문자

해야 할 일로 바쁠 때 사람들이 찾아올 경우, 정말 다급한 일이 아닌 한 당장은 시간을 낼 수 없다고 그들에게 말하라. 그렇게 말하지 않고 냉대라는 흔한 도구를 써서 그들을 쫓아내선 안 된다. 그것은 악한 도구다.

272 산문

나는 시詩가 우리 내면 가장 깊숙이 자리 잡고 있고 산
문은 부서진 시에 불과하다고, 우리 삶에 대해서도 시
가 더 근본적이라고 확신한다. ……어떤 사람들이 낭송
하는 시를 들으면 그것이 시라는 것을 도무지 알 수 없
는데, 본인 및 다른 사람들의 삶을 그렇게 단조롭게 읽는
이들도 있다.

273 정직

거짓을 선택해야 온 세상이 지옥을 피할 수 있다 해도
나는 거짓을 선택하지 않겠다. 거짓말을 해야 피할 수 있
는 지옥이라면 그리 겁낼 필요가 없는 곳임이 분명하다.
세상을 구원하는 것은……진리다.

274 만족

형편이 된다면, 겨울철 내 방에 들어설 때 새빨간 난로
가 맞아 주고, 여름철에는 화분이 맞아 주면 좋겠다. 그
럴 형편이 안 된다면, 그런 것들이 있으면 좋겠다고 생
각하고 내 일에 집중하겠다. 만족으로 가는 길은 우리가
갖지 못한 것을 경멸하는 데 있지 않다. 세상에 있는 모
든 선, 모든 기쁨을 인정하고, 그것 없이도 만족하자. 그

러나 그렇게 하려면 반드시 한 가지를 소유해야 한다. 그
것은…… 아버지의 영이다.

275 심령 연구

구하기만 하면 하나님의 영을 받을 거라는 약속이 주
어졌건만…… 그들은 강신술降神術에 전력을 다하고 죽
은 자들을 불러내 조언을 구하며 그것을 따른다. 그러다
가는 사탄이 광명의 천사로 가장하는 법을 잊지 않았음
을 조만간 발견하게 될 것이다. …… 미래의 일을 확신하
는 것이 종교와 무슨 상관이 있는가? 그것이 하나님을
섬기는 일인가? 그것은 종교가 아니다. 내일 해가 뜰 거
라는 믿음이 종교가 아니듯 말이다. 종교를 믿을 수 없
었던 사람들을 행복하게 해줄 수 있을지는 몰라도 종교
는 아니다.

276 지워 버림

하나님이 잊어버리고자 하시는 일은 무엇이건 잊으실 수
있다. 나는 하나님이 우리 죄를 그렇게 하신다고 생각한
다. 우리 안에서 죄를 제거하신 후, 일단 우리가 죄에서
완전히 깨끗해진 후에 그렇게 잊으신다. 하지만 그 전에
우리 죄를 잊으신다면, 끔찍한 일이 될 것이다.

277 이사야서에서

하나님의 능력이 인간의 약함과 나란히 제시된다. 완전하신 하나님이 연약한 자녀들 앞에서 자랑하려 하심이 아니라……이렇게 말씀하려 하심이다. "보아라, 내 아이들아, 너희는 내 힘이 아니고는 결코 강해질 수 없을 것이다. 이것 외에는 너희에게 줄 것이 없다."

278 섭리

하나님이 모든 곳에 계시다고 믿는다면, 너무나 이상해 보이는 우연의 일치 속에도 계신다고 생각하면 안 될 이유가 어디 있는가? 동시에 벌어지는 일들 안에 계신다면, 그런 일들이 우연히 만나는 지점에도 계신 것이 분명하다.

279 다른 길은 없다

땅의 노인이 동굴 바닥으로 몸을 굽혀 큰 돌을 들어 올리고는 한쪽에 기대 놓았다. 그러자 아래로 내려가는 커다란 구멍이 드러났다. 그가 말했다. "저것이 길이다. 하지만 계단은 없지. 그 안으로 몸을 던져야 해. 다른 길은 없단다."

280 죽음

"넌 지금 죽음을 맛보았다. 맛이 괜찮으냐?" 노인이 말했다.

"괜찮네요. 생명보다 낫네요." 모시가 말했다.

"아냐. 그건 또 다른 생명일 뿐이란다." 노인이 말했다.

279~280번 글은 《황금 열쇠》에서 발췌.

281 참된 환상의 척도

이것은 그가 본 것이 참된 환상일 가능성을 높여 주었다. 평범한 것들을 진부하게 보이게 만드는 거짓 환상들과 달리, 그 환상을 보자 평범한 것들 안에 있는 아름다움이 드러났기 때문이다.

281번 글은 《그림자》에서 발췌.

조지 맥도널드 선집

282 성별이 존재하는 이유

아이에게 부모가 있어서 생기는 큰 유익 하나는 한쪽이 치우칠 때 다른 쪽이 균형을 잡아 주고 한쪽이 잘못하면 다른 쪽이 바로잡아 주는 것이다. 하나님 외에는 누구도 선하지 않다. 하나님 외에는 누구도 단 한 번의 생각에서 진리를 보유하지 못한다. 그럴 수 없다. 잘해야 우리 인간의 삶은 함께 진리를 이루는 양극단을 오가는 모습인 경우가 많다.

283 쉬운 일

하나님이 우리에게 맡기시는 일이 결코 쉽지 않다고 생각하는가? 예수님은 그분의 멍에는 쉽고 그분의 짐은 가볍다고 말씀하신다. 사람들은 쉽다는 이유만으로 하나님의 일을 거부하기도 한다. 그러나 그런 반응에는 아주 몹쓸 교만이 들어 있을 수도 있다. ……어떤 사람들은 쉬운 일을 마지못해 수용하고 건성으로 그 일을 한다. 그러나 아무리 쉬운 일이라도 마음을 기울이지 않고 잘 해 낼 수는 없다. 그들은 지금 맡은 일에 마음을 기울이지 않고, 어제의 경우처럼 대체로 전혀 손쓸 수 없는 내일에

282~287번 글은 《해안 교구》에서 발췌.

마음을 기울인다. 거룩한 현재여!

284 생활 공간

그분 안에만 영혼이 쉴 공간이 있다. 그분을 아는 일에
생명과 기쁨이 있다. 우리는 우리 마음의 비밀을 결코
알 수 없지만 비밀을 아시는 분을 알 수는 있다.

285 자연

꽃이 시들지 않는다면, 꽃의 아름다움을 더 이상 묵상하
지 않게 될 것이다. 꽃들을 쌓아 두려는 열정에 눈이 멀
거나, 주변에 늘 있는 꽃을 진부하게 여기고 그 모습에
둔감해질 것이다. 큰 일과 작은 일을 비교해서 말하자면,
꽃이 시들고 거품이 터지고 구름과 석양이 지나가는 것
에는 주님이 제자들에게서 물러나 아버지께로 다시 올라
가신 일과 (적용에 있어서) 똑같은 거룩한 이유가 있다. 그
것은 위로자, 진리의 영, 만물의 영혼이 그들에게 오셔서
그들과 함께 거하시기 위함이고, 그리하여 마침내 아들
이 재림하시고 아버지를 계시하게 하려 함이다. 꽃은 꽃
의 아름다움과 다르다. 우리는 그 아름다움을 사랑해야
한다. 그렇지 않으면 꽃에 탐욕을 부리는 아이들처럼 꽃
을 대하게 될 것이다. 그저 손에 넣고 싶은 욕구에서 꽃

을 모으고 또 모으며 손과 바구니를 가득 채우게 될 것
이다.

286 부모들에게

부모는 자녀를 영적 인격체로 존중하고 경의로 대해야
한다. 그들도 하늘 아버지를 똑바로 바라보고 그분을 알
현하는 존재이기 때문이다. 지상의 부모가 아무리 원해
도 그 자리에 입회할 수 없다.

287 저장

사람의 마음은 저장 능력이 없다. 두뇌나 손은 기억하거
나 갖고 싶은 대상을 모아 상자에 넣듯 저장할 수 있지
만, 그 순간 그 대상은 마음에서 떠나고 마음은 다시 굶
주린 상태가 된다. 사람이 무언가를 진정으로 가지려면,
주시는 분을 가져야 한다. ……그러므로 하나님이 만드
시는 모든 것은 자녀의 마음을 자유롭게 드나들어야 한
다. 자녀는 그것이 지나가는 동안에만 그것을 누릴 수
있고, 그것 자체가 아니라 거기에 깃든 생명, 영혼, 비전,
의미만을 누릴 수 있다.

288 오늘과 어제

하지만 그날의 모험은 전날처럼 펼쳐지지 않았다. 처음에는 비슷해 보였다. 그러나 사람들이 그 차이를 잘 알아채지 못해서 그렇지, 오늘이 어제와 같은 경우는 드물다. ……공주는 복도를 달리고 또 달렸지만 탑의 계단을 찾을 수 없었다. 그녀가 덜 올라가서 3층이 아니라 2층에서 그것을 찾고 있었기 때문이 아닐까 싶다.

289 끈질긴 환각

그는 벌떡 일어나 옷을 입기 시작한다고 생각했지만 자신이 아직도 침대에 누워 있음을 알고 당황했다. "이젠 일어나야지. 간다! 이제 일어났다!" 그러나 다시 한 번 그는 침대에 아늑하게 누워 있는 자신을 발견했다. 스무 번이나 시도했지만 스무 번 다 실패했다. 실은 그가 깨어난 것이 아니었고, 깨어나는 꿈만 꾸고 있었기 때문이다.

288~289번 글은 《공주와 고블린》에서 발췌.

290 소유
다행히도, 소유의 기쁨은 금세 시들해진다. 복된 일이다.

291 산에서 길을 잃다
두려움이 되돌아왔다. 사람들이 산속에서 굶어죽곤 했기 때문에, 나는 최악의 상황을 맞이할 마음의 준비를 시작했다. 어떤 운명이 다가오면 그 운명을 맞을 준비만 하면 된다는 것을 나는 아직 배우지 못한 터였다. 그동안 나는 내게 닥치지 않은 일을 생각하느라 근심했다. ……내가 좀더 지치고 정신이 혼미했더라면 상황이 그렇게 무섭게 느껴지지 않았을 것이다.

292 박해의 탄생
클라라의 말은 상당히 불경하게 들렸다. ……하지만 나는 뭐라고 대답해야 할지 몰랐다. 그녀가 싫어지기 시작했다. 자신이 사랑하는 믿음을 옹호할 능력이 없는 경우, 사람들은 종종 박해자로 변한다.

290~301번 글은 《윌프레드 컴버미드》에서 발췌.

293 매일의 죽음

우리는 매일 죽는다. 죽었다가 매일 다시 살아나는 사람들은 복되다.

294 자신에 대한 의무

"하지만 사람은 자신에게 아무 빚이 없나요?"

"내가 아는 한, 없습니다. 나는 나 자신에 대해 아무 의무가 없습니다. 어떻게 자신을 둘로 나누어 한쪽 절반이 나머지 절반에게 빚을 질 수 있겠어요? 내가 볼 때 그건 지어낸 말에 불과해요."

"그럼 지어낸 그 말이 어디서 생겨났을까요?"

"진짜 의무에 대한 희미한 감각에서 나왔겠지요. 그런데 의무의 대상을 잘못 짚은 겁니다. 실상 그 의무감은 미지의 하나님과 우리의 관계에서 나온다고 봅니다. 그분을 너무나 막연하게 느낀 나머지, 의무를 다해야 할 실체로 엉뚱한 대상을 짚은 거지요."

295 잠의 이론

죽음뿐 아니라 잠에 대해서도 "약한 몸으로 묻히지만 강한 몸으로 다시 산다"〔고전 15:43〕고 말할 수 있을 것 같다. ……지친 몸에 영혼을 마비시킬 힘이 있다는 것은 누구도 부정할 수 없다. 하지만 내가 좋아하는 상관성 이론이 하나 있는데, 옳은 것으로 밝혀지길 기대하고 있다. 몸은 마음을 지치게 하지만, 마음은 몸에 활력을 불어넣어 주며, 웅장한 궁전을 지은 사람처럼 그 안에 거하기를 기뻐한다는 것이다. 우주의 핵심에는 생명과 의식이 있는 사랑이 자리 잡고 있고, 몸이 잠들어 의식이 정지해 있는 동안 마음은 그 근원인 창조의 심장과 다소 안정된 접촉을 한다고 나는 믿는다. 그 접촉을 통해 마음은 차분함과 힘을 얻어, 지친 몸을 위로하고 회복시킬 수 있게 된다. 노동의 중단이 이 일에 필요한 장을 마련해 준다. 황야의 외딴 역에 거주하는 이가 아버지의 집으로 돌아가 새로운 물자를 얻는 것이 가능해진다. ……자녀의 영혼은 밤에 집으로 갔다가 아침이 되면 노동이 기다리는 학교로 돌아간다.

296 신성한 게으름

인간이 언제나 노동을 하고 있어야 하는 것은 아니다. 신성한 게으름 같은 것도 필요하다. 그러나 그것을 함양하는 일은 우려스러울 정도로 소홀히 여겨지고 있다.

297 현대의 해악
우리를 멸망시키는 주범인 눈부신 자의식이 아직 발달하지 않았던, 세계사의 이른 시기들……

298 불멸
사람들이 보편적으로 멸절을 두려워하는 것 같다는 사실에 근거해 불멸을 지지하는 논증은, 멸절을 두려워하지 않는 사람들에게는 무력하기 짝이 없을 것이다. 그들은 자신의 모습에서 그 반증을 보기 때문이다. ……하나님이 존재하지 않는다면, 멸절을 무엇보다 간절히 바라야 할 것이다. 한마디로, 인간의 마음이 부르짖어 찾는 대상은 불멸성이 아니라 불멸하면서도 영원한 생각이다. 그것의 생명이 인간 마음의 생명이고, 그것의 지혜가 인간 마음의 지혜다. ……살아 계신 불멸자와 분리된 불멸의 상태는 바랄만한 대상이 아니다.

299 기도
나는 "오, 하나님!" 하고 부르짖었다. 그것이 전부였다. 전 우주의 기도는 이 한 가지 부르짖음의 팽창, 그 이상 무엇이겠는가? 우리는 하나님이 주실 수 있는 것들을 원하지 않는다. 하나님 그분을 원한다.

300 자아

나 자신의 모습에 신물이 나면서 "자아라는 악마를 대체 어떻게 제거해야 할까?" 묻게 되었다. 그리고 그 순간 한 가지 탈출구를 보았다. 그것을 그 근원으로 돌려보내야겠다는, 그것을 만드신 분에게 넘겨드려야겠다는 깨달음이었다. 이제 나는 그것의 힘이 아니라 그 근원에 힘입어 살아야 한다. 하나님이 내 자아 안에 임하셔서 내게 알려 주시는 지식으로 만족해야 한다. ……내 머릿속에 번개처럼 떠오르는 자의식은 내가 구해서 얻은 것이 아니라 하나님의 선물일 터이니, 여러 가지 자기 희생으로 그분께 다시 돌려드려야 한다.

301 환상

사람이 많은 환상을 보고 그것을 전부 다 믿을 수도 있겠지만……그것만으로는 부족하다. 그의 영혼에 하나님이 임하셔야 한다. 인자께서는 이것을 두고 이렇게 말씀하셨다. "사람이 나를 사랑하면 내 말을 지키리니 내 아버지께서 그를 사랑하실 것이요 우리가 그에게 가서 거처를 그와 함께하리라"〔요 14:23〕.

302 둔감한 영혼

자기 만족에 빠진 영혼은 평생 성직자들을 요리조리 피해 다니면서 그들의 영향을 받지 않을 수 있다. 우박 사이로 요리조리 다니는 벌처럼 끝까지 그들을 가볍게 피해 다닐 수 있다.

303 오래된 정원

가족 중 누구도 정원의 고풍스러움에 관심을 갖지 않았다. 그것이 보존된 이유는 정원사가 유익한 우둔함을 타고난 사람이었기 때문이다. 덕분에 그는 그곳의 선임 정원사였던 아버지에게 겨우겨우 힘들게 배운 내용을 잊고 싶어도 잊을 수 없었다. 정직한 우둔함이 인류에게 주는 혜택을 우리는 절반도 헤아리지 못한다. 영리한 사람들이 모든 것을 망친다.

304 체험

아무 체험도 못하는 사람들은 길가에 앉아 있는 '의무'를 만나게 될까 봐 무서워 왕의 대로大路로 가지 않는

302~313번 글은 《부목사 토머스 윙폴드》에서 발췌.

이들이다.

305 어려움

올바름에 진지한 관심을 갖고 있는 사람들은 만사萬事가
공모해서 그들이 가는 길을 가로막는 것 같은 경험을 많
이 한다. 물론 그것은 겉모습에 불과하다. 순례자는 끊
임없이 갓길로 샐 수밖에 없고 그 길에서 돌이켜 빠져나
오는 과정을 먼저 거쳐야 하기 때문이다.

306 받아들이기 힘든 말

이제 막 천국을 찾아 나선 사람이 몇 년 동안 천국을 믿
어 온 많은 사람보다 천국에 더 가까이 가는 경우가 있
다. 그들은 예수님의 마음을 더 많이 가지고 있고, 예수
님이 부르실 때 즉시 알아보고 좇아간다. 반면 오래 믿었
던 사람들은 그분을 머리부터 발끝까지 샅샅이 검토하
고 자신들이 생각하던 예수님의 모습과 정확히 일치하지
않으면, 바로 등을 돌려 교회나 예배당이나 방으로 가서
전통과 상상이 뒤섞인 모호한 형체 앞에 무릎을 꿇는다.

307 뻔한 소리

뻔한 소리일 뿐이라고? 그렇다. 그래서 더욱 애석하다. 대부분의 사람들이 말하는 뻔한 소리가 무엇인가? 사람들의 삶에 오래 전에 심어졌어야 할 진리, 그래서 영원히 참된 행위라는 알곡을 맺고 사랑의 포도주를 생산했어야 할 진리가 아닌가? 그러나 그것이 좋은 토양에 심어지지 못하고 두뇌의 빈자리에 방치된 채 이리저리 차이다 보니 이제는 단순히 보거나 듣기만 해도 진저리를 내기에 이르렀고, 그 생각을 떨쳐 버리기 위해 그것을 살아 있는 진리truth가 아니라 생명 없는 '뻔한 소리truism'라고 부르게 된 것이 아닌가? 하지만 그 뻔한 소리는 계속 머릿속에서 덜거덕거려야 한다. 그래서 마음속의 정당한 자리로 마침내 자리를 옮겨, 더 이상 덜거덕거리지 않고 뿌리를 내려 힘과 사랑의 결실을 맺기에 이르러야 한다.

308 조언을 구함

사람들이 조언을 구하는 이유는, 그들도 잘 모르는 끔찍한 첫 번째 자아가 아니라 친숙한 두 번째 자아의 편을 들어주기를 바라기 때문일 때가 많다.

309 한 방울도 남김없이 마시라!

잊지 말라. 큰 자만심 못지않게 작은 자만심도 용납해선
안 되고 철저히 쓸어 버려야 한다.

310 재판관 앞에서의 침묵

당신의 죄를 생각하지 말라. 그래 봐야 자기 죄를 제대로
바라볼 수 없다. 당신의 죄를 예수님에게 가져가라. 그러
면 그것이 얼마나 나쁜 것인지 보여 주실 것이다. 당신을
심판하는 일은 그분에게 맡기라. 그분은 당신을 정당하
게 심판하실 것이다. 당신을 완전히 깨끗하게 하실 작정
이시니 어떤 것 하나 그냥 봐주지 않으시겠지만, 당신의
엄청난 죄책을 가려 줄 만한 상황, 당신의 행위에 대해
정상참작을 하게 해줄 만한 더없이 작은 꼬투리 하나도
놓치지 않으실 것이다. ……그러나 다시 말하지만 당신
의 형편을 감안하는 일은 그리스도의 몫으로 맡기라. 그
렇게 하심으로 그분은 당신이 모르는 그분의 뜻을 이루
실 것이고, 당신의 처지를 머리털 하나만큼이라도 더 참
작하시어 당신의 영혼에 과오를 범하지 않으실 것이다.

311 가장 해로운 것

거룩한 것들의 껍데기와 습관적으로 어울리는 것은 하나

님께 둔감해지는 확실한 길이다.

312 완성과 완결

유일하게 완전한 생명은 자존自存하고 창조하는 단일체, 유일하신 하나님이다. 모든 생명은 생명으로서 온전해지기 위해 나름의 방식으로 하나님의 생명에 이어져야 한다. 인간이 자존과 이어진다는 것은, 자신의 근원으로 돌아가 스스로 그 근원을 받아들이고 자기 안에 취함으로써 자신을 완성하고 완결시킨다는 의미이다. ……그는 자신의 역사를 되돌려 자신을 생기게 한 원인을 붙들고, 스스로 계신 유일자의 뜻 안에서 존재하기로 결심함으로써 생명의 궤도를 완성하게 된다.

313 불멸

"우리에게 좀 알려 준다고 해서 무슨 해가 있을지 모르겠네요. 저 세상에 뭔가 더 있다는 확신을 줄 수 있을 정도만 알려 주면 되잖아요." 이런 해로움이 있다. 낮은 근원에서 나온 지식이 두려움을 달래 주고 희망을 부추기면, 사람들은 (대체로) 생수의 근원에서 등을 돌리고 웅덩이를 찾는다〔렘 2:13〕. ……무덤 너머에 지금 우리의 삶 같은, 그럭저럭 견딜 만한 상태가 있다는 확신을 얻게 되면, 당장 하나님을 잊어버릴 사람이 수천 명도 더 될 것이다. 이것은 종교를 의심하는 수많은 사람들의 관심이 무덤 너머에 어떤 삶이 있는가 하는 의문, …… 종교와 직접적인 관련이 없는 그 의문에 쏠려 있는 데서 쉽사리 예견할 수 있다. 그런 사람들에게 내세에도 살 수 있다고 안심시켜 주면, 그들은 과연 무엇을 얻게 될까? 약간의 위안은 얻을 수 있을 것이다. 하지만 그것은 최고의 근원에서 나오지 않은 위안, 어쩌면 그들의 행복을 위해 너무 빨리 얻어 버린 위안일 것이다. 그것이 그들을 하나님께로 이전보다 조금이라도 가까이 이끌어 줄까? 결과적으로 그분이 그들 마음의 틈을 하나라도 더 채우시게 될까?

314 영원한 지금

동물들의 기쁨은 '앞을 보지 않고 뒤돌아보지도 않고 지금과 다른 상태를 갈망하지도 않고' 영원한 <u>지금</u>의 거룩한 태평함……속에서 살아가는 사람들의 기쁨을 낮은 수준으로나마 어렴풋이 보여 준다. 지구상에서 그런 사람은 늘 극소수에 불과하다.

315 아래의 침묵

저주받은 자들도 가끔은 자신의 상태를 인식할 것이고, 그럴 때면 버려진 영역들 위에 잠시나마 끔찍한 침묵이 드리울 것이다.

316 알코올중독

위스키의 영향력에 사로잡혀 비참한 상태이긴 해도 그것은 여전히 인간의 영혼이다. 지옥의 구덩이에서 그것은 부르짖는다. 죄를 지을 수 있는 요소가 남아 있는 한, 그것은 인간이다. 비참한 자의 기도는 의롭다고 인정받지만, 독선적인 자들과 불친절한 자들이 맑은 정신으로 드

314~332번 글은《기비 경卿》에서 발췌.

리는 청원은 거절된다. 용서하지 않는 자는 용서받지 못한다. 바리새인의 기도는 해안을 때리는 지옥의 지친 파도 소리다. 반면, 지옥불에서 영혼이 토해 내는 부르짖음은 사랑의 심금을 울린다.

317 기억할 점
닭 치는 여자의 눈에는 그렇게 안 보이겠지만, 참새와 까마귀는 알을 낳는 암탉이나 벌레를 잡아먹는 오리 못지않게 훌륭하다.

318 희귀한 것과 흔한 것
가장 좋은 것들이 가장 흔하지만, 그것들의 최고 유형과 최선의 조합은 드물다. 예를 들어 세상에는 사랑이 무엇보다 많지만, 최고의 사랑과 사랑의 최고 원리에 따라 사는 사람들은 희귀한 중에서도 가장 희귀하다.

319 거룩한 웃음
하나님의 존전에서 두려워 웃지 못하는 마음은 아직 하나님에 대한 확신이 없는 것이다.

320 자아

논문이나 설교, 시와 이야기로 사람이 자신을 잊도록 설득하려는 생각은 부질없다. 그러고 싶어도 그럴 수 없다. 욱신거리는 이빨의 존재를 잊는 쪽이 차라리 더 빠를 것이다. 그리스도 안에 있는 우리의 더 깊고 참된 자아—하나님이 우리를 구상하실 때 가지신 생각—를 찾지 않고는 우리 자신을 잊을 수 없다. 참된 자아 외에는 그 어떤 것도 탐욕스럽고 늘 징징거리는 거짓 자아, 그러나 우리 대부분이 너무나 좋아하고 자랑스러워하는 그 자아를 몰아낼 수 없다. 그리고 누구도 참자아를 스스로 찾을 수 없으나…… "영접하는 자 곧 그 이름을 믿는 자들에게는 하나님의 자녀가 되는 권세를 주셨다"〔요 1:12〕.

321 양자택일

하나님을 멀리 떨어진 분으로 제시하는 모든 가르침은 터무니없는 소리에 가깝다. 하나님이 아예 존재하지 않거나, 우리에게 가장 가까운 자의식보다 더 가까이 계신 분이거나, 둘 중 하나다.

322 기도

그렇게 생각하고 그녀는 자기 마음속에 있던 희미하고

왜곡된 모습의 하나님에게 기도하기 시작했다. 기도하는 마음을 만드신 진짜 하나님에게 기도하는 이들은 그 아들 예수를 아는 사람들뿐이다. 우리가 기도드리는 하나님에 대한 각자의 개념에 따라 기도 응답이 결정된다면, 우리의 무한한 필요는 얼마나 초라하게 채워질 것인가! 그러나 모든 정직한 부르짖음은, 설령 우상의 꽉 막힌 귀에 대고 외치는 것이라 해도, 그가 알지 못하는 하나님의 귀에 전해진다. 그가 알지 못하는 아버지의 마음에 전해진다.

323 양심 불량

그녀는 자신이 지독한 양심 불량으로 엄청난 무례를 범했다는 생각에 마음이 크게 괴로웠다. 하지만 실상은 그녀의 양심이 제 의무를 너무나 잘 감당해 집안사람 전체를 불편하게 만들고 있었다.

324 돈

그는 돈을 너무나 소중히 여겼고 이른바 선을 행하는 수단으로서 돈의 가치를 지나치게 과대평가했다. 종교적인 사람들이 대체로 그렇다.

325 감방 청소

사람의 속에서 나오는 것들이 사람을 더럽힌다. 그런 것들을 제거하기 위해 사람은 자기 속으로 들어가 죄수가 되어 감방 바닥을 닦아야 한다.

326 악의 미스터리

평범한 사람들은 악인들의 악함에 충격을 받는다. 악인들과 악함, 둘 다 잘 알았던 기비는 의인들의 악함에만 충격을 받았다. 그는 스클레이터 목사를 도무지 이해할 수 없었다. 일관성 없는 상태는 이해가 안 되는 법이다. 인간은 일관성과 논리를 갖춘 것만 이해할 수 있다. 악의 본질에는 우리를 선한 존재로 만드시고자 악을 지을 수 있는 존재로 빚으신 분만이 이해하실 수 있는 당혹스러운 면이 있다.

327 분별

자기 삶을 뜻대로 조종할 수 있는 사람은 없다. 삶은 뒤쪽에서 흘러나와 사람을 덮치기 때문이다. …… 생명과 발전의 한 가지 비결은 고안과 계획이 아니라, 작용하고 있는 힘들에 적응하여 매 순간 주어지는 의무를 제대로 감당하는 것이다. 그것이 바로 우리에게 할당된 과정의

일부다. 영원하신 분이 우리 각자에게 뜻하시는 일—뜻
하실 일 같은 것은 없다—, 처음부터 각 사람을 위해 작
정하신 일을 받아들이라.

328 경쟁

탐욕뿐 아니라 경쟁도 고결하거나 지속적인 유익을 주는
결과물을 전혀 낼 수 없다. 내가 볼 때 이 두 가지의 동
기는 영적으로 같다.

329 방법

순종함으로써 순종하는 법을 배운다.

330 신중

그가 뱀처럼 좀더 지혜로웠다면……사람들을 선하게 만
들려고 너무 힘껏 노력하는 일이 그들의 상태를 악화시
키는 방법임을 알았을 것이다. 사람들을 선하게 만드는
유일한 방법은 내가 선하게 사는 것뿐임을 알았을 것이
다. 남의 티끌은 커 보이지만 자신의 들보는 보이지 않으
며, 말해야 할 시간은 어쩌다 한번 찾아오지만 살아 내
야 할 시간은 결코 떠나는 법이 없음을 기억하면서.

331 바보가 되는 법

타고난 능력을 발휘하여 그는 벌써 상당히 어리석은 존재가 되어 있었다. 다른 사람 눈에 가진 자처럼 보이는데 힘을 쏟는 것은 자신이 이미 가진 것을 파괴하는 짓이요, 그것은 바로 그가 그토록 남들에게 보여 주고 싶은 모습을 파괴하는 일이다. 그가 목표를 달성하면, 성공이 곧 형벌이 될 것이다.

332 사랑

그는……사랑이 드리우는 그림자를 움켜쥐는 실수, 즉 사랑받고 싶은 욕구를 사랑 그 자체로 오해하는, 흔하지만 끔찍한 실수를 저지르지 않았다. 그의 사랑은 머리 위에 떠 있는 태양이었고 그의 그림자는 발 아래에 있었다. ……그러나 내 말을 혼동하며 오해하지 말라. 한편, 사랑받고 싶은 욕구는 허기와 마찬가지로 잘못된 것도 고상한 것도 아니다. 그리고 사랑받는 기쁨과는 다르다. 사랑받는 기쁨이 없는 사람은 헤아릴 수 없이 깊은 나락으로 추락하여 악하고 파멸적이며, 아, 악마적인 이기심에 빠져들게 된다.

333 설교자의 회개

오 주님, 저는 사람들에게 줄곧 말을 했습니다.
생각의 바퀴가 돌면서 제 주위로 불붙은 지대를 펼쳐 놓
았고
부주의한 제 마음은 뽐냈고
제 말이 일으킨 파문이 사방으로 퍼져 나갔습니다.
그러므로 당신 앞에 엎드립니다.
차가운 두 손을 타는 듯한 머리에 얹고
약한 심장 위로 부풀어 오르는 공허함을 누릅니다.

334 행위들

당신 가까이 가고 싶으나 당신의 존전으로
침입해 들어갈 수는 없습니다. 뻔뻔스럽게 굴어 봐야 소
용없습니다.
당신에게 인도하는 문들은 행위니까요.

335 기도

나의 하나님, 내 기도는 내가 아닌 내게서 나옵니다.

333~340번 글은 《늙은 영혼의 일기》에서 발췌.

당신의 응답이 나를 참된 나로 만드는 듯합니다.
지친 파도처럼 생각이 꼬리를 물고 이어집니다.
그러나 저 아래 잔잔한 곳은 모두 당신의 소유입니다.
거기서 당신은 우리가 알지 못하는 길로 다니십니다.
이상한 싸움 끝에 이상한 방식으로 당신의 평화가 만들
어집니다.
우리 안에서 기도하는 것이 사자라면, 응답하는 당신은
어린양이십니다.

336 그 집은 나를 위한 것이 아니다

그 집은 내가 아니라 그분을 위한 것.
그분의 훌륭한 생각들을 담는 데는 많은 계단,
많은 탑, 많은 전망 좋은 곳이 필요하다.
내 생각을 위해서는 그런 공간이 필요 없다.

337 쌓아 두기

거룩한 것들을 보면서도 거룩하지 않은 탐욕이 일어날
수 있습니다.
당신이 보여 주신 많은 아름다운 것들은
필요할 경우에 대비해 머릿속에 저장해 두라는 게 아니라
오직 당면한 영적 필요를 위해 주신 것.

가장 거룩한 빵을 쌓아 두면 금세 생겨나는 것,
맘몬의 벌레, 교만한 마음……

338 하루의 첫 번째 일
매일 아침, 나는 다시 깨뜨려야 한다.
내 주위에 새로 달라붙은 자아의 껍데기를.

339 집요한 착각
우리의 처지를 불쌍히 여기소서.
우리는 철저히 거절당했나이다.
뱀의 탈을 쓴 자가 전에 거짓말을 했음에도
지금은 새의 얼을 빼놓습니다.

340 대화의 규칙
형제의 자아가 그를 갉아먹도록
부추기는 말을 해서는 안 된다.
결점을 물고 늘어져서도 안 되지만
내 입에서 나오는 찬사로 뽐내는 마음이 고개를 들게 해
서도 안 된다.

341 놓치기 쉬운 정의

우리가 자녀나 친구들의 처지에 있다면 하지 않을 일을 그들이 하기를 바라서는 결코 안 된다. 우리가 정당하게 희생을 하듯, 그들이 하는 정당한 희생도 인정해야 한다.

342 선한

"하지만 사람이 선한 일만 해야 한다면, 하루 중 절반은 아무것도 안 하고 지내야 할 거예요."

"생각이 너무 짧구나! 자, 넌 네가 늘 하는 일의 선함을 모르는 것 같구나. 내 말을 오해하지 말거라. 그런 일을 한다고 해서 네가 선하다는 뜻은 아니야. 네가 아침을 먹는 건 좋은 일이지만, 아침을 먹는다고 네가 선하다고 생각하지는 않잖아. 네가 아니라 그 일이 선하다는 거야. …… 할 일로 말하자면 악한 일보다 선한 일이 훨씬 많아."

343 새긴 우상을 만들지 말라

"제게 증표를 주실 순 없나요? 아니면 당신의 변하지 않

341~344번 글은 《공주와 커디》에서 발췌.

는 면을 말해 주시든지요. 당신을 알 수 있는 다른 방법이나 당신을 알아볼 특징을 말해 주세요."

"안 돼, 커디. 그런 건 네가 나를 아는 데 방해만 될 거다. 너는 그런 것과 다른 방식으로 나를 알아야 해. 네가 나를 그런 식으로 알게 하는 것은 너나 내게 아무 소용이 없을 게다. 그것은 나를 아는 게 아니라 내 증표를 아는 것에 불과하니까."

344 바보가 되는 법
짐승은 자신이 짐승인 줄 모른다. 인간은 짐승의 상태에 가까워질수록 그 사실을 더 모른다.

345 변제 불능 상태

우리가 평생 자선을 베풀며 살아간다 해도, 인간관계를 처음 시작할 때 소홀히 했던 의무들을 만회할 수는 없을 것이다.

346 서글픈 유감

"어머니, 제가 기도했다면 그걸 포기하지 않았을 거예요."

"이안! 기도를 안 했다니, 그게 무슨 말이니? 어릴 때 넌 성숙한 그리스도인처럼 기도했어."

"아, 어머니, 그것이 슬프고 안타까워요! 저는 아무 필요를 못 느낀 것들을 구했거든요. 저는 위선자였어요. 전 어린아이답게 기도해야 했어요."

347 방법

"양심이 지극히 까다로워질 수 있을까, 이안?"

"알아낼 방법은 하나뿐이에요. 양심을 따르는 거죠."

345~360번 글은 《내 것은 내 것》에서 발췌.

348 바람

그녀는 가끔 자신이 선하기를 바랐다. 그러나 아무 수고 없이 선할 수 있다면 선하기를 바랄 떠도는 유령들이 수 없이 많다. 그들이 원하는 그런 선함을 유지하는 건 아무 가치가 없을 것이다.

349 두려움

사람이 사랑을 가지기 전까지는 두려움을 갖는 것이 합당하다. 야생 짐승들이 사방에서 돌아다니고 있는 한, 안전하다고 느끼기보다 두려워하는 게 낫다.

350 모든 반역의 뿌리

우리가 당신Thee의 자유와 다른, 우리 고유의 자유를 원하는 것은 당신의 자유에 참여할 만큼 당신과 충분히 가깝지 않기 때문입니다.

351 두 명의 어리석은 젊은 여자

그들은 어떤 기분이 들었다, 아니 어떤 기분에 사로잡혔다. 그러다가 다른 감정이 찾아와 그 자리를 대신했다. 어떤 감정이 들었을 때는 언제까지나 그 기분일 것 같았다.

그 감정이 사라졌을 때는 언제 그런 게 있었나 싶었다. 그 감정이 돌아왔을 때는 늘 그 기분이었던 것 같았다.

352 환대

형편이 어려워져도 사회적 관계를 끝까지 유지하는 가문, 환대를 통해 자주 즐거움을 얻는 가문이 자랑스럽다. 부자들만 환대를 베풀 권리가 있다는 생각이 흔하다. 그러나 환대의 가장 아름다운 꽃은 부자들에게 거의 알려져 있지 않다. 그것은 가난한 자들의 정원 밖에서는 거의 자라지 않는다. 그것은 가난한 자들의 지복 중 하나다.

353 지루함

안식을 구하며 떠도는 존재는 쫓겨난 귀신들〔마 12:43〕만이 아니다. 그런 영혼들이 점점 늘어가고 있다. 세상과 하데스〔지옥, '형벌의 처소'를 뜻함〕에는 그런 이들이 가득하다. 그들이 갈망하는 휴식은 단순한 노동의 중단이 아니라 절대적이고 적극적인 안식이다. 머시는 자신에게 필요한 것이 무엇인지 모른 채 이제 막 안식을 찾아 나섰다. 이안은 말없이 하나님께 안식을 구했지만, 머시는 같은 부류의 사람들과 시끄럽게 어울리는 방식으로 그것을 구했다. 천성적으로 우울해지기 쉬운 그녀였지만 그런 성향을 피할 정도로 건강했기에 무슨 일이든 달려들어 하려고 했다. 생각에서 벗어나려고 그런 것은 아니었다. 원래 생각을 안 하고 살았으니. 실은 묵직하게 짓누르는 무존재감을 피하기 위해서였다. 아직 살아나지 못한 자들에게 나타날 수 있는 생명의 유일한 모습, 즉 지치고 불안한 결핍감에서 벗어나기 위해서였다.

354 비용 계산

하나님이 내게 요구하시는 희생의 범위, 내게 요구하시는 자기 포기의 완전함에 가끔은 기가 질린다. 하지만 그 절대적 기준 바깥에는 구원이 있을 수 없다. 하나님 안에서 우리는 우리 존재의 가장 황홀한 순간뿐 아니라 평범한 일상도 살아간다. 일이 잘못될 때보다 당장 아쉬운 것이 없을 때, 모든 일이 그냥 잘 돌아가는 듯 보일 때 그분을 신뢰하기가 더 어려울지 모른다.

355 현실주의

사물의 '엄연한 실제성'을 분명히 인식할 때, 우리는 하나님이 필요한 존재임을 분명히 인식하게 되고 그분을 확실히 신뢰할 수 있다. …… 형태나 종류나 방식을 막론하고 확고한 실재를 파악한 영혼은 깨어나 더 실제적인 것, 더 높고 깊은 존재와의 관계를 깨닫게 되는 경향이 있다. 찬물 세례가 히스테리 환자에게만 좋은 것이 아니다. 삶을 살아내지 않고 꿈만 꾸는 모든 사람에게 그와 유사한 모종의 충격이 필요하다.

356 탐욕

"avarice라는 단어('탐욕'이라는 뜻)의 어원을 생각해 본 적이 있나요?" "아뇨." "내가 아는 한, 그 단어는 동사 have와 어원이 같아요. 사물을 우리 것이라 말하고 싶은 욕망, 우리와 종류가 다른 것, 예를 들어 충분히 작을 경우 호주머니에 넣어 갖고 다닐 수 있는 물건 같은 것과 함께 있고 싶은 욕망이에요. 그런 대상을 손이나 집이나 호주머니에 보유한 상태를 'having'이라고 하지요. 하지만 그렇게 보유한 것들을 정말 가질 수는 없어요. '가짐'은 물건에 대해 갖는 환상일 뿐이에요. 우리는 우리가 함께 있을 수 있는 존재만 소유할 수 있어요. 하나님부터 인간성에 참여하는 가장 하등한 동물에 이르는, 우리와 같은 종류만이 그 안에 해당되지요."

357 새우잡이 통발

그녀는 갈 때 올 때 사물의 모습이 다르다는 것, 그리고 사람의 태도에 따라 사물의 분위기가 달라진다는 것을 알지 못했다. 자연 현상은 새우잡이 통발과 같아서 들어가기는 쉽지만 빠져나오기는 어렵다.

358 첫 번째 만남

그동안 줄곧 그녀가 비참함을 느꼈던 것은 가까이 계신 하나님 때문이었다. 인자가 오신 것은 세상에 평화가 아니라 검을 주기 위해서였던 것처럼[마 10:34], 하나님이 인간의 영혼에 처음 방문하실 때는 대체로 그분의 오심을 느낀 영혼이 피워 내는 두려움과 의심의 구름 가운데 임하신다. 태양은 구름을 몰아내지만 그것이 땅에 닿으려면 안개를 투과해야 하는 경우도 많다.

359 불평

무관심보다는 하나님에 대한 불평이 그분에게 훨씬 가깝다.

360 불안을 다루는 잘못된 방법

오전 내내 그는…… 주님이 어떤 운명을 제시하시든 사전에 만족하려고 애쓰느라 마음이 분주했다. 하지만 그는 철학적 그리스도인보다는 기독교 철학자에 가까웠다. 그는 가장 실망스러운 상황을 자신을 향한 하나님의 뜻으로 상정하고 받아들이려 했다. 최악의 상황을 가정하고 그것이 (하나님의 뜻임을 알기라도 한다는 듯) 올바른 상황, 최선의 상황이라고 자신을 설득했다. 그렇게 그는 하나님이 알려 주신 의무의 영역이 아니라 가정의 영역에서 살았고, 하나님의 뜻이 아니라 자신의 상상 속에서 살았다. ……현실로 명확히 나타난 일에는 그 일을 감당하게 해주는 무엇인가가 함께 있다. 그러나 하나님이 맡기실 마음이 없는 일을 맡으려고 노력하다 보면 정작 그분이 맡기기 원하시는 일을 맡기 어려워질 수 있다. ……우리는 가상의 임무에 자신을 단련시킬 권리가 없다. 상황이 어떻게 될지 모를 때, 그분이 우리에게 맡기신 일은 <u>모르는 채로 있는 것</u>이다.

조지 맥도널드 선집

361 진퇴양난
사람들이 알고 싶어 하는 것은 따로 있기 때문에, 그들
이 꼭 알아야 할 것을 말할 수 없을 때가 많다.

362 고독
다른 이들 없이는 자신을 위해 사는 것도 불가능하다는
것을, 혹 가능하다 해도 무시무시한 상태로만 이루어진다
는 것을 나는 배우기 시작했다. 악도 선을 통해서만 가능
하며, 이기심은 생명나무에 기생해 사는 벌레에 불과하다.

363 죽음
죽기를 거부하는 한, 죽은 상태에 머물 것이다.

364 악의 신비
어둠은 빛도 어둠도 모른다. 빛만이 빛을 알고 어둠도 안
다. 하나님만이 악을 미워하고 이해하신다.

361~365번 글은 《릴리스》에서 발췌.

365 최후의 수단

마라가 말했다. "릴리스, 당신이 거기 천년을 누워 있어도 손을 펴서 당신 소유가 아닌 것을 내놓기 전까지는 잠들지 못할 거예요."

그녀가 대답했다. "못하겠어요. 할 수만 있다면 그렇게 하고 싶어요. 난 지쳤거든요. 죽음의 그림자들이 내 주위로 모여들고 있어요."

"그것들이 계속 모이겠지만 당신의 손이 펴지지 않는 한 당신을 덮치지는 못할 거예요. 당신이 죽었다는 생각이 들어도 그건 꿈일 거예요. 깨어났다는 생각이 들어도 꿈일 거예요. 손을 펴세요. 그러면 정말 잠이 들 거예요. 그리고 참으로 깨어나게 될 거예요."

"애쓰고 있어요. 하지만 손가락들이 서로 붙어 손바닥에 박혀 버렸어요."

"부디 의지를 발휘하세요. 제발, 힘을 내서 손의 결박을 깨뜨리세요!"

공주는 하와에게 눈을 돌리고 애원하듯 바라보며 속삭였다. "부군의 손에 들린 칼을 본 적이 있어요. 나는 그것을 보고 달아났었죠. 그때 그 칼을 든 사람이 한 말을 들었어요. 나눌 수 없는 하나가 아닌 것은 그 칼이 쪼갤 거라고 했어요."

아담이 말했다. "내가 그 칼을 갖고 있어요. 천사가 문을 떠날 때 내게 줬어요."

릴리스가 간청했다. "그걸 가져와 주세요, 아담. 그리고 내가 잠들 수 있게 이 손을 잘라내 주세요."

"알았어요." 그가 대답했다.

옮긴이의 말 조지 맥도널드 읽기

《조지 맥도널드 선집》을 번역하면서 부담이 있었다. 내가 배워 온 기독교 신앙의 기본 교리에 반하는 듯 보이는 글이 간간이 눈에 들어왔기 때문이다. 내게는 그런 거북한 글들을 '올바른 빛 아래' 해석할 수 있는 지침이 필요했다. 번역하면서 그의 불편한 글들을 정통 교리의 틀 안에서 이해할 수 있는 독법 세 가지를 (순전히 개인적인 관점에서) 정리해 봤다. 그리고 맥도널드가 만인구원론자라는 주장에 대해 C. S. 루이스의 입을 빌려 답해 보고자 한다.

세 가지 독법

독법 1. 맥도널드는 자신의 주장을 강조하기 위해 자극적으로 표현하기도 했다.

199 영광스러운 자유
사람이 참될 때는, 지옥에 있다 해도 비참할 수 없습니다. 그는 자신의 근원이신 분과 올바른 관계에 있기에 자신과도 올바른 관계에 있습니다. 하나님과 올바른 관계에 있다는 것은 우주와 올바른 관계에 있다는 의미입니다.

문장 자체만 놓고 보면 말이 안 된다. 하나님과 올바른 관계에 있는 자들이 있는 곳이 천국이 아니던가. 천국과 하나님을 분리시켜 생각하는 것이 말이 되는가. 하나님과 완전히 분리된 곳이 지옥이 아닌가.
하지만 어떻게든 감옥에만 안 가면 된다고 생각하는 범죄자처럼, 하나님과의 관계나 진리에 순종하는 것에는 관심이 없고 지옥만 피하면 된다고 생각하는 사람이 있다면 어떨까? 그래서 지옥을 모면할 수 있는 인맥으로써, 도구로써만 하나님을 써먹으려는 사람이 있다면 어떨까. 그 사람에게 맥도널드의 이 글은 의미심장하게 다가오지 않을까.

독법 2. 둘 다 갖춰야 할 사항인데 양자택일의 문제처럼 한쪽을 치우치게 강조하기도 했다.

209 구원

예수님이 이루신 구원이 우리를 우리 죄의 결과로부
터 구원하는 것이라는 개념은 거짓되고 초라하고 저열
한 생각입니다. …… 예수님은 우리를 형벌에서 구하기
위해 죽으신 것이 아닙니다. 그분이 예수라 불린 이유
는 자기 백성을 그들의 죄에서 구원해야 하기 때문이었
습니다.

이건 사실 양자택일의 문제가 아니다. 성경의 가르침으
로 보나 신자의 경험으로 보나, 우리는 죄의 형벌에서도
구원받아야 하고 죄의 능력(권세)로부터도 구원받아야 한
다. 하지만 이렇게 말하면, 말하고자 하는 것이 부각되
지 않는다. 게다가 죄의 권세에서 벗어나 하나님이 기뻐
하시는 대로 의롭게 살아야겠다는 갈망 없이, 벌만 피하
면 된다는 생각이 사람들을 사로잡고 있다면? 그래서 예
수님을 면벌부 정도로 여기고 있다면? 그렇다면 맥도널
드의 화법을 충분히 이해할 수 있을 것 같다.
정통 교리의 균형 잡힌 가르침이 시간이 지나면서 어떤
이유로건 치우치게 해석되거나 가르쳐질 수 있다. 이런
상황의 문제점을 심각하게 느끼는 사람은 균형을 갖추
는 것이 아니라 가려진 부분을 선명하게 드러내는 데 집
중하게 된다. 체계적인 신학 지식 즉 조직신학을 제시하
는 것이 아니라, 자신이 보고 있는 상황의 한계와 문제

점을 지적하고 해결책을 제시하는 것이 관심사일 테니까. 맥도널드의 글을 그렇게 볼 수 있을 것 같다. 그러니까 균형 잡힌 조직신학을 원한다면 조지 맥도널드의 책이 아니라 다른 책을 봐야 할 것이다. 그러나 '양심의 목소리'를 듣고자 한다면 제대로 찾아온 것이다. 그에게서 균형을 요구할 것이 아니라, 그가 강조해서 말하는 내용에 귀를 기울이면 좋겠다.

독법 3. 뒤집어 말함으로써 강력한 효과를 주고자 했다.

> 322 기도
> 그러나 모든 정직한 부르짖음은, 설령 우상의 꽉 막힌 귀에 대고 외치는 것이라 해도, 그가 알지 못하는 하나님의 귀에 전해진다. 그가 알지 못하는 아버지의 마음에 전해진다.

이 말을 산뜻하게 이해하기란 쉽지 않다. 하지만 맥도널드가 우상에게 기도하는 것을 정당화하는 의도로 이 말을 했다고 보기는 어렵다. 분명한 것만 두 가지 말해 보자. 우선 '정직한' 부르짖음에 방점을 찍어 보자. 기도의 대상이 성경이 계시하는 참하나님이라 해도, 그분에게 엉뚱한 마음으로 나아가고 정직하지 못하게 다가갈 수 있을 것이다. 기도는 주문이 아니기 때문이다.

또 하나, 참기도를 받으시는 하나님은 그렇게 기도하게 하시는 분이기도 하다. 기도의 대상이 누구이건 상관없이 진심만 있으면 통한다는 것이 아니라, 진실한 부르짖음은 하나님 아버지가 먼저 마음을 주셔야만 나올 수 있는 것이므로 그런 부르짖음은 아버지께 전해질 수밖에 없을 것이고, 그런 사람은 결국 아버지를 찾게 될 거라고 생각할 수 있다.

조지 맥도널드는 만인구원론자인가

인터넷 검색창에 조지 맥도널드를 입력해 보면 많은 내용이 나오지는 않지만, 하나님을 믿지 않아도 구원을 받는다는 만인구원론을 내세웠다는 구절이 빠지지 않는다. 그렇게 되면 더 말할 것도 없을 것 같다. 성경에서 가르치는 내용과 전혀 다르니, 제아무리 근사해 보이는 이야기라도 귀를 기울일 이유가 없다. 그런데 루이스는 맥도널드의 입장을 조금 다른 눈으로 본다.

첫째, 머리말에서 루이스는 맥도널드가 "참으로 모든 사람이 구원받기를 바랐지만 그것은 모두가 회개하기를 바라는 마음 때문이었다. 그는 전능자도 회심하지 않은 자들을 구원할 수 없음을 (누구보다 잘) 안다. 그는 영원한 불가능성을 결코 하찮게 보지 않는다"라고 밝히고 있다.

루이스는 만인구원론이 맥도널드의 희망 사항을 반영할 뿐, 그의 글을 자세히 들여다보면 사실은 그럴 수 없다는 것을 본인도 알았다고 하는 것이다. '강력한 희망 사항을 기정사실처럼 진술했다'는 말로 정리할 수 있겠다. 둘째, 루이스의 신학적 판타지 《천국과 지옥의 이혼》에는 천국의 안내자로 맥도널드가 등장한다. 책 속에서 주인공이 만인구원론을 믿지 않느냐고 묻자, 맥도널드는 만물의 결국에 대해서는 알 수도 없고 그런 문제들에 대해 이야기하는 것이 바람직하지도 않다고 대답한다. 그가 제시하는 이유를 좀더 들어 보자.

> 아직 시간이 흐르고 있을 때 문제를 제기하면서 어떤 선택의 여지가 있느냐고 묻는다면 답은 분명하지. 즉 그 답은 길을 선택할 수 있는 권한이 자네에게 있다는 거야. 막힌 길은 없네. 누구든지 영원한 죽음을 선택할 수 있지. 죽음을 선택하는 자들은 그 선택대로 죽게 될 걸세.

하지만 시간을 벗어나 만물의 결국이 어떻게 될 것인가 묻고, 시간의 렌즈를 통하지 않고 영원의 형체를 보려 하다가는 결정론의 함정에서 벗어날 수 없고, 그것은 자유를 희생시키는 결과를 낳는다. 그러나 인간은 자유라는 선물 덕분에 창조주와 가장 닮은 존재이자 영원한 실재의 일부가 되었다. 자유는 시간의 렌즈를 통해서만 볼 수 있다. 결국엔 모두가 다 잘될 것이라 말하는 만인구원론도, 어떤 사람은 아무리 애를 써도 구원받을 수 없을 거라는 예정론도, 시간의 렌즈를 벗고 영원을 보려다 자유의 설자리를 없애버리기는 마찬가지라고 《천국과 지옥의 이혼》에 등장하는 맥도널드는 말한다.

나가며

어떤 분들은 정통 교리의 틀 안에서 맥도널드를 받아들이기 위한 이런 시도를 불필요하게 여길지 모르겠다. 그냥 있는 그대로 받아들이라, 자유하라 할지도 모르겠다. 하지만 정통 교리들은 신앙에서 울타리와 같다. 그 안에 머물고 있다고 모든 것이 보장되지는 않는다. 그 안에 머무는 사람에게도 여전히 하나님의 은혜가 필요하고, 그 내용이 깨달아지고 경험되고 생생하게 새겨져야 한다. 그렇지 않으면 죽은 정통이 될 수 있다. 그러나 그 가르침에서 벗어나면 (의도와 상관없이) 자신이 지키고자 하는 것을 오히려 약화시키고 허무는 막다른 골목에 이르게 된다. 신학적으로 아무런 하자가 없는, 하나부터 열까지 다 맞는 말이라 해도, 늘 똑같은 소리만 그대로 반복하는 글은 말하는 내용의 가치와 매력을 오히려 떨어뜨릴 수 있다. 다른 이야기가 아니라도 다르게 이야기하려는 노력은 지속되어야 한다. 그런 면에서 맥도널드의 글은 여러모로 다르다. 읽는 이를 긴장하게 만들고 정신이 번쩍 들게 한다. 그럼, 이제 맥도널드의 세계를 직접 경험해 보시길.

조지 맥도널드
저작 목록

《안과 밖*Within and Without*》 1855년

《시집*Poems*》 1857년

《판타스테스*Phantastes: a Faerie Romance for Men and Women*》
        1858년

《데이비드 엘긴브로드*David Elginbrod*》(전3권) 1863년

《아델라 캐스카트*Adela Cathcart*》(전3권) 1864년

《전조*The Portent*》(a story of the Inner Vision of the Highlanders
        commonly called the *Second Sight*) 1864년

《알렉 포브스*Alec Forbes of Howglen*》(전3권) 1865년

《조용한 이웃의 기록*Annals of a Quiet Neighbourhood*》(전3권)
        1867년

《요정들과의 거래*Dealings with the Fairies*》(《황금 열쇠*The Golden
        Key*》[이수영 역, 우리교육, 2006년] 포함) 1867년

《전하지 않은 설교Unspoken Sermons》(제1권) 1867년

《제자 및 여러 시The Disciple and other Poems》 1867년

《런던 이야기Guild Court》(전3권) 1868년

《로버트 팰코너Robert Falconer》(전3권) 1868년 (김성희 역, 쿰란
　　　출판사, 2011년)

《해안 교구The Seaboard Parish》(전3권) 1868년

《우리 주님의 기적The Miracles of our Lord》 1870년

《레널드 배너먼의 소년 시절Ranald Bannerman's Boyhood》
　　　1871년

《북풍의 등에서At the Back of the North Wind》 1871년 (정회성 역,
　　　시공주니어, 2007년)

《환상 작품선Works of Fancy and Imagination》(전10권) 1871년

《공주와 고블린The Princess and the Goblin》 1872년 (정회성 역,
　　　웅진닷컴, 2002년)

《목사의 딸The Vicar's Daughter》(전3권) 1872년

《윌프리드 컴버미드Wilfrid Cumbermede》(전3권) 1872년

《거타 퍼처 윌리Gutta Percha Willie: the Working Genius》 1873년

《잉글랜드 성가집England's Antiphon》 1874년

《말콤Malcolm》(전3권) 1875년

《현명한 여인The Wise Woman》 1875년

《부목사 토머스 윙폴드Thomas Wingfold, Curate》(전3권) 1876년

《성 게오르기우스와 천사 미가엘St. George and St. Michael》(전
　　　3권) 1876년

《외국 신앙시 선집*Exotics*》(a Translation [in verse] of the Spiritual
    Songs of Novalis, the Hymn Book of Luther and other Po-
    ems from the German and Italian) 1876년

《로시의 후작*The Marquis of Lossie*》(《말콤》의 속편, 전3권)
    1877년

《기비 경*Sir Gibbie*》(전3권) 1879년

《외과의사 폴 페이버*Paul Faber, Surgeon*》(전3권) 1879년

《늙은 영혼의 일기*A Book of Strife, in the form of the Diary of an
    Old Soul*》 1880년

《메리 마스턴*Mary Marston*》(전3권) 1881년

《마법사의 성*Castle Warlock*》(전3권) 1882년

《아이 예수의 선물 및 여러 이야기*The Gifts of the Christ Child,
    and other Tales*》(전2권) 1882년 (《스티븐 아처 및 여러 이
    야기*Stephen Archer and Other Tales*》로 재출간. 출간연도
    불명)

《짓눌리고 궁핍한*Weighed and Wanting*》(전3권) 1882년

《찌꺼기들*Orts*》 1882년

《공주와 커디*The Princess and Curdie*》 1883년 (윤후남 역, 현대지
    성사, 2003년)

《도날 그랜트*Donal Grant*》(전3권) 1883년

《삼겹줄*A Threefold Cord*》(Poems by Three Friends, edited by
    George MacDonald) 1883년

《전하지 않은 설교*Unspoken Sermons*》(제2권) 1885년

《햄릿의 비극*The Tragedie of Hamlet*》(with a study of the text of
        the Folio of 1623) 1885년

《내 것은 내 것*What's Mine's Mine*》(전3권) 1886년

《동문서답 그리고 그림자*Cross Purposes, and The Shadows*》(Two
        Fairy Stories [reprinted from *Dealings with the Fairies*])
        1886년

《귀향*Home Again*》 1887년

《선택된 부인*The Elect Lady*》 1888년

《전하지 않은 설교*Unspoken Sermons*》(제3권) 1889년

《가벼운 공주 및 다른 요정 이야기*The Light Princess and other
        Fairy Stories*》(reprinted from *Dealings with the Fairies*)
        1890년 (이수영 역, 우리교육, 2004년)

《심한 동요*A Rough Shaking*》 1890년

《갔다오다*There and Back*》(전3권) 1891년

《그림자의 도주*The Flight of the Shadow*》 1891년

《보석 캐비닛*A Cabinet of Gems*》(cut and polished by Sir Philip
        Sidney, now for their more radiance presented without their
        setting by George MacDonald) 1891년

《복음의 소망*The Hope of the Gospel*》 1892년

《스코틀랜드의 노래와 발라드*Scotch Songs and Ballads*》 1893년

《조지 맥도널드 시집*Poetical Works of George MacDonald*》(전2권)
        1893년

《히스와 눈*Heather and Snow*》(전2권) 1893년

《릴리스*Lilith*》1895년

《람폴리*Rampolli*》(Growths from a Long-planted Root, being trans-
lations chiefly from the German, along with *A Year's Diary
of an Old Soul*) 1897년

《불로 소금 치듯*Salted with Fire*》1897년

《전조 및 여러 이야기*The Portent and Other Stories*》출간연도
불명

《조지 맥도널드 동화집*Fairy Tales of George MacDonald*》1904년

옮긴이 홍종락

서울대학교에서 언어학과를 졸업하고, 한국해비타트에서 간사로 일했다. 2001년 후반부터 현재까지 아내와 한 팀을 이루어 번역가로 일하고 있으며, 번역하며 배운 내용을 자기 글로 풀어낼 궁리를 하며 산다. 저서로 《오리지널 에필로그》가 있고, 역서로는 《당신의 벗, 루이스》, 《순례자의 귀향》, 《피고석의 하나님》, 《세상의 마지막 밤》, 《개인기도》, 《실낙원 서문》, 《오독》, 《이야기에 관하여》, 《영광의 무게》, 《폐기된 이미지》(이상 루이스 저서), 《C. S. 루이스와 기독교 세계로》, 《C.S. 루이스의 순전한 기독교 전기》, 《본향으로의 여정》(이상 루이스 해설서), 《C. S. LEWIS 루이스》, 《루이스와 잭》, 《루이스와 톨킨》(이상 루이스 전기), 그리고 루이스가 편집한 《조지 맥도널드 선집》과 루이스의 글을 엮어 펴낸 《C. S. 루이스, 기쁨의 하루》 등이 있다. 학생신앙운동(SFC) 총동문회에서 발행하는 〈개혁신앙〉에 '루이스의 문학 세계'를 연재 중이다. '2009 CTK(크리스채너티투데이 한국판) 번역가 대상'과 2014년 한국기독교출판협회 선정 '올해의 역자상'을 수상했다.

조지 맥도널드 선집

George MacDonald: An Anthology of 365 Readings

지은이 조지 맥도널드
엮은이 C. S. 루이스
옮긴이 홍종락
펴낸곳 주식회사 홍성사
펴낸이 정애주
국효숙 김의연 김준표 박혜란 손상범
송민규 오민택 임영주 차길환

2011. 12. 15. 양장 1쇄 발행
2021. 1. 20. 무선 1쇄 발행 2023. 4. 14. 무선 3쇄 발행

등록번호 제1-499호 1977. 8. 1.
주소 (04084) 서울시 마포구 양화진4길 3   전화 02) 333-5161   팩스 02) 333-5165
홈페이지 hongsungsa.com   이메일 hsbooks@hongsungsa.com
페이스북 facebook.com/hongsungsa
양화진책방 02) 333-5161

Published by Hong Sung Sa under license from the CS Lewis Company Ltd.
George MacDonald: An Anthology of 365 Readings
by C.S. Lewis ⓒ C.S. Lewis Pte Ltd 1946
All rights reserved.

Korean translation copyright ⓒ 2011 by Hong Sung Sa Ltd.

ⓒ 홍성사, 2011

ISBN 978-89-365-1472-3 (03230)